쉬는 마음

THE RELAXED MIND

By Dza Kilung Rinpoche

© 2015 by Dza Kilung Rinpoche

Illustrations © 2015 by Janice Baragwanath

Korean translation copyright ⓒ 담앤북스, 2019

Published by arrangement with Shambhala Publications, Inc.,

Boulder through Sibylle Books Literary Agency, Seoul

일러두기

- 이 책은 2019년 출간된 『쉼의 기술』의 번역을 다듬고 새롭게 디자인하여 출간한 개 정판입니다.
- 본 도서에 나오는 티베트어 한글 표기는 저자인 쟈 낄룽 린포체의 지역 언어(티베트 동부 캄 지역의 쟈추카 언어) 발음을 반영하여 표기하였습니다.
- 티베트인 인명의 한글 표기는 본 도서의 티베트어 한글 표기 방식을 따랐으며, 정확 한 정보 전달을 위해 인명의 영문 표기를 병기하였습니다.
- 각주 중 역자 주는 따로 역자 주라고 표기하였습니다.

쉬는 마음

The Relaxed Mind

쟈 낄룽 린포체 지음

예셰 롱 코리아 옮김

담앤북스

추천사

쟈 낄룽 린포체(Dza Kilung Rinpoche)는 쟈 낄룽 직메 오찰(Dza Kilung Jigme Ngotsar)의 다섯 번째 환생자입니다. 쟈 낄룽 직메 오찰은 '족빠 첸뽀(Dzogpa Chenpo)' 전통의 '롱첸 닝틱(Longchen Nyingthig)' 가르침을 발굴하신 선지식 릭진 직메 링빠(Rigdzin Jigme Lingpa)의 네 분의 주요 제자 중 한 분입니다. 린포체는 티베트와 인도에서 수십 년간 교학과 수행을 마쳤습니다. 이후 린포체 자신이 속한 특별한 법맥(法脈)의 원형이 고스란히 담겨 전해진 감로와 같은 지혜를 동양과 서양을 오가며 지치지 않고 나누고 있습니다.

린포체는 이 책에서 앉는 방법, 숨 쉬는 방법, 마음에 바르게 집중하는 방법에서부터 깨달은 본성을 일깨우기 위해 마음의 개념으로부터 자유로워지는 방법에 이르기까지 마음 훈련의 중요한 단계들을 세심하게 통합하여 설명합니다.

마음, 또는 의식이 바로 우리 자신입니다. 몸은 소중한 것이지만, 살아 있는 동안 임시로 머무는 곳일 뿐입니다. 우리가 죽어 다시 태어날 때 행복하게 태어날지 불행하게 태어날지는, 우리 마음의 흐름에서 만들어진 우리의 경향성이 이번 생 동안 긍정적이었는지 부정적이었는지에 달려 있습니다. 마음이 평화롭고 친절하고 공손한 상태라면, 자연스럽게 공덕을 짓는 행동으로 드러날 것입니다. 그러면 우리는 다른 이들을 이롭게 하는 원천이 될 것입니다. 만약 우리가 완벽하게 선한 생각을 한다면, 고통은 사라지고 마음의 지혜의 본성이 깨어날 것입니다. 그러므로 이 책에서 가르치는 바른 단계를 따라가며 잘 살피고 마음에 새기면서 마음을 훈련해야 합니다. 『법집요송경』에서 부처님께서 말씀하셨습니다.

마음을 길들이는 훈련으로
꾸준히 마음을 챙기면 행복을 누리리.
자신의 마음을 잘 지키는 이
고통을 여의는 경지에 이르리.

이 책은 불교 마음 훈련의 필수 단계를 보여 주는 보물입니다. 명상을 시작하는 단계부터 깨달은 본성의 완성 단계까지, 명상 여정의 모든 길을 우리에게 보여 줍니다. 이 책에 모든 것이 담겨 있습니다. 다른 수행법을 찾아볼 필요가 없습니다. 샨티데바(Shantideva)께서 말씀하셨습니다. "오직 마음 훈련뿐, 다른 수행법이 무슨 소용이 있겠습니까?"

뚤꾸 돈둡(Tulku Thondup)

편집자 서문

저는 제가 처음으로 명상을 시도했던 때를 아주 생생하게 기억합니다. 서양에 명상 관련 서적이 거의 없던 수십 년 전이었습니다. 집중에 대한 기초적인 가르침이 실려 있는 책을 한 권 발견하였습니다. 그 내용에 대해 요가 선생님이 대략 설명해 주셨는데 아주 근사해 보였습니다. 그래서 어느 날 오후 푹신한 녹색 소파에 다리를 접고 앉아 눈을 감고 제 마음을 들여다보았습니다.

그런데 어느 순간부터 바위를 뚫는 착암기와 커다란 원형 전기톱이 내는 시끄러운 소리 속에 둘러싸여 있는 것 같았습니다. "여기가 어디지? 말벌집 속에 머리를 쑤셔 넣기라도 한 건가?" 싶었고, 안절부절못하며 치과 대기실에 앉아 있는 어린아이처럼 땀을 흘리기 시작했습니다. 서로 관련이 있기도 하고 서로 전혀 관련이 없기도 한 여러 생각과 감정의 만화경을 통과하는 제 '명상'은 마치 롤러코스터를 타는 것 같았습니다.

그 첫 번째 명상은 그리 길지 않았고, 명상을 해서 행복해지지도 않았으며, 명상을 더 해 보겠다는 용기가 나지도 않았습니다. 그렇지만 아주 좋은 일이 있었는데, 꽤 한참 동안은 그 일이 좋은 일인지조차도 알아차리지 못했습니다. 그 좋은 일은 바로 그런 불협화음이 피로나 소화불량, 친구와의 다툼처럼 가끔 일어나는 특이한 일이 아니고, 제 안에서 항상 일어나고 있는 일이었음을 알게 되었다는 것입니다. 그저 그제서야 그 소리를 듣게 된 것일 뿐이었습니다. 스스로에게 강요한 것들의 포로가 되어 일평생을 살아왔다는 소름 끼치는 사실을 희미하게나마 느낄 수 있었습니다.

이 책에서 보여 주는 일곱 단계로 이어지는 명상은 내면의 자유로 향하는 길입니다. 일곱 가지 명상은 티베트 불교의 수행법을 기반으로 하지만, 이 수행을 위해 꼭 불자가 되어야 하는 것은 아닙니다. 일곱 가지 명상은 특정 종교 전통을 따르고 말고를 넘어 모든 사람의 삶과 영적인 성장에 도움이 될 것입니다. 일곱 가지 명상은 서양인을 위해 고안되었지만, 현대 사회에서는 서양 문화가 모든 곳에 퍼져 여러 문화와 섞여 있기 때문에 '현대인을 위한 것'이라고 하는 게 더 나을 것 같습니다.

이 책을 쓴 낄룽 린포체는 티베트에서 가장 높고 가장 고립된 지역에서 온 분입니다. 린포체는 우리 현대인이 경험하는 산란함 같은 것이 없는 환경에서 자랐습니다. 그래서 서양에 왔을 때 사람들 마음을 사로잡는 여러 복잡성을 마주하였고 그 후 사람들에게 가르침을 펼치기 시작하였습니다. 서양 사회가 얼마나 복잡한지 알았기 때문에 제자들이 충분히 깊게 쉬지 못하거나 명상의 핵심으로 들어가지 못하는 것에 대해 그다지 놀라워하지도 않았습니다. 또한, 같은 이유로 린포체의 제자들은 모든 것의 가장 깊은 쉼인, 해탈로 이끌어 주는 전통적인 명상 방법들의 미세한 차이도 알 수 없었고 전통적인 명상 방법들이 서로 어떻게 관련되어 있는지도 알 수 없었습니다. 우리 사회에 만연한 빠른 속도와 스트레스와 불안은 명상 수행을 하는 우리에게 자연스럽게 영향을 미칩니다. 우리는 이런 것들에 강하게 속박되어 있습니다. 그래서 일곱 단계로 된 명상은 무엇보다도 깊은 쉼을 기르는 것에 중점을 두어 고안되었습니다.

낄룽 린포체는 제자들에게 일 년 주기로, 매주 일곱 가지 명상들을 가르쳐 왔습니다. 린포체의 제자들은 해를 거듭하여 열정적으로 가르침을 받고 수행하였으며, 그 결과는 무척 긍정적이었습니다. 같은 주제와 같은 명상법을 반복하였지만, 명상 경험은 계속 새로워지고 깊어졌습니다. 그리하여 "직접 말로 지도해 주는 훌륭한 명상 스승이 꼭 있어야만 이 명상 체계를 통해 깊은 쉼에 이를 수 있는 걸까?"라는 중요한 질문이 생겨났습니다. 오늘날에는 거의 모든 전통적인 주요 명상법이 공개되어 있지만, 명상 스승의 세세한 가르침으로 보완되어야 완성됩니다. 공개된 대부분의 명상법은 교훈적이고 철학적인 주제들을 나열하고, 그에 따른 간단하고 기본적인 명상 방법을 소개하는 식으로 구성되어 있습니다. 명상 스승들이 이 내용을 열어 빈 곳을 채워 주어야만 합니다.

이 책은 다릅니다. 대부분의 명상 수행자들은 자격을 갖춘 스승을 찾아갈 수 없거나, 정기적인 명상 수업에 참여할 시간이 없습니다. 그래서 책에 의지해 명상하려고 하지만, 책을 보면 "어떻게 해야 이 모든 것들을 조화롭게 해 나갈 수 있을까? 어떻게 하면 내 명상을 실질적인 영적인 길로 가도록 만들어 갈 수 있을까?" 또는 한참 따라 하다가 "왜 여기서 막히는 것 같지?" 같은 의문이 생기곤 합니다. 이 책은 각 명상의 단계마다 제자들이 맞닥뜨렸던 미묘한 문제들을 낄룽 린포체께서 직접 파악하고 그 해결책을 찾아 주신 말씀에서 가려 뽑은 내용들입니다. 각 장에서는 먼저 해당 명상을 소개하는데, 철학적인 주제나 명상 방법, 명상의 정의 같은 주제들은 각 명상과 연관된 '맥락에 따라' 최소한으로만 소개합니다. (일곱 가지 명상 외에도 「사유하기」 두 장이 있습니다. 「사유하기」는 일곱 단계로 연결된 명상의 철학적인 내용을 더 자세히 설명하고 그 배경을 알려 드리기 위해 마련한 장입니다.)

명상을 진정으로 경험하는 것은 특별한 느낌입니다. 그러니 일반적인 프로젝트나 일, 취미 등에 몰두할 때처럼 개요를 파악하고 목표를 설정하며 뭔가 이루기를 기대하는 분위기에 휩쓸리지 않는 것이 매우 중요합니다. 이 책은 이런 것들을 하지 않을 수 있도록 안내하고 있으므로,

실용적이면서도 미묘한 차이까지 섬세하게 설명하는 이 안내서를 따라 수행한다면 다른 도움 없이도 큰 성취를 이룰 수 있을 것입니다. 물론, 자격을 갖춘 스승으로부터 지도받으면 아주 큰 도움을 받을 수 있습니다. 우리들 대부분은 가장 높은 깨달음을 성취하기 위해서는 꼭 스승의 도움을 받아야 합니다. 그러나 진심으로 헌신적인 제자들은 이 책의 안내만으로도 많은 것을 이룰 수 있습니다.

쉼, 단순함, 그리고 현대 생활

명상의 핵심은 마음입니다. 일곱 가지 명상은 각각 다른 방법으로 마음을 바라보고, 마음을 쉬게 합니다. 마음은 여러 방식으로 묘사할 수 있습니다. 하지만 마음은, 직접 마음을 보거나 마음의 진정한 본성을 인식해야만 이해할 수 있습니다. 스스로 탐구하여야만 이해할 수 있는 것이 마음입니다. 어떤 단계에서라도 깨달음의 문인 마음의 진정한 본성을 인식할 수 있기 때문에 언제든지 마음의 진정한 본성을 인식하고 경험하도록 하는 것이 이 안내서의 목표입니다. 이런 것이 너무 야심 차 보일 수도 있겠지만, 린포체는 이 책에서 깨달은 본성은 우리의 진정한 정체성이지, 획득해야 할 어떤 것이 아님을 거듭 상기시킵니다. 깨달은 본성은 태양처럼 언제나 그곳에 있고 밝게 빛나고 본래 청정하지만, 구름이 태양을 가리고 있는 것처럼 우리의 습관이 깨달은 본성을 가리고 있는 것입니다. 태양은 변한 적이 없습니다. 그저 잠시 볼 수 없었을 뿐입니다. 우리의 바쁜 마음은 진정한 본성의 완전한 단순함을 가립니다. 명상을 통해 스트레스와 불안을 해소하는 것은 사람들이 좋아하는 부수적인 효과가 분명합니다. 하지만 명상의 목표는 완벽한 평화와 자유, 깨달음 그 자체임을 절대 잊지 말아야 합니다.

이 일곱 가지 명상의 본질은 쉼입니다. 명징함(clarity)과 단순함이 자연스럽게 드러나도록 마음을 쉬게 하고, 마음을 여는 것입니다. 여러분은 계속하여 '쉼'이라는 말이 반복되는 것을 보게 될 것입니다. 또한 '완전히 열기, 쉬기, 부드럽게 집중하기, 균형 잡기, 판단하지 않기'를 반복하도록 거듭하여 요구받게 될 것입니다. 왜냐하면, 일곱 가지 명상은 비록 순서대로 이어져 있긴 하지만 꼭 단계별로 나아가는 방식으로 구성된 것은 아니기 때문입니다. 각 장의 많은 부분이 겹칩니다. 여러 장을 거치며 명상하다 보면 반복되는 말들의 더 큰 의미를 알게 될 것입니다. 일곱 가지 명상의 경험은 나선형으로 진행되는데, 높이 올라가면 올라갈수록 비슷한 주제와 가르침들에 중요성이 더해집니다. 전체적으로 보면 점점 더 풍부해지는 과정이긴 하지만, 그중 어느 곳에서나 깊은 통찰이 일어날 수 있습니다. 깊은 통찰은 애초부터 이미 우리 안에 있기 때문입니다.

쉼의 핵심은 단순함입니다. 수많은 작은 일들을 상대해야 한다면 어떻게 쉴 수 있겠습니까? 낄룽 린포체는 자신이 오래도록 공부한 불교 철학을 바탕으로, 독자들이 힘들이지 않고 일곱 가지 명상 방법의 핵심을 흡수할 수 있도록 지름길을 제공해 줍니다. 그렇다고 여기 나오는 명상들이 간편하지만 영양가는 없는 즉석식품 같은 것은 아닙니다. 오히려 그 반대입니다. 일곱 가지 명상은 이 명상법이 유래한 불교 철학의 핵심을 담고 있기에, 이 수행을 해 나가다 보면 점차 심오하고 진정한 품성이 드러나게 될 것입니다.

그렇다고 하더라도, 상당히 버겁지 않나요? "내가 시간을 낼 수 있을까?"라고 생각할 수도 있습니다. 낄룽 린포체는 아시아뿐 아니라 미국, 유럽, 남미의 제자들을 지도하는 스승으로 지내면서, 명상에 관심 있는 사람들일지라도 수행할 시간이 조금밖에 없다는 것을 분명히 알게 되었습니다. 그렇지만 불교와 다른 명상 전통 모두 조용히 앉아서 하는 정식 명상을 넘어, 명상이 일상생활과 합쳐져야 한다고 항상 강조해 왔습니다. 일곱 가지 명상은 명상이 삶의 한 부분이 되도록, 앉아서 하는 정식 명상과 일상에서 활동할 때의 명상을 연결하는 다리가 되어 줍니다. 그러니 명상 방석에 앉을 시간이 조금밖에 없더라도, 일상에서 일하거나 놀거나 음식을 먹거나 걷는 동안 언제든 명상할 수 있습니다. 생활 속에서 더 자주, 안정적으로 명상할 수 있게 되면 자리에 앉아서 정식으로 하는 명상도 더 나아지게 됩니다. 이 두 명상은 서로를 보완해 주기 때문에 똑같이 중요합니다.

신비로움 풀어내기

케이크 맛을 아는 방법은 오직 한 가지, 먹어서 그 맛을 보는 것입니다. 마음도 마찬가지입니다. 마음이 무엇인지 여러 가지로 말할 수 있지만, 말로는 그 본질을 표현할 수 없습니다. 이미 '마음의 진정한 본성, 본래의 순수함, 깨달음' 같은 꽤나 신비한 표현들이 나온 것을 보았습니다. 게다가 이후 설명되는 수행 지침 중에는 처음에는 명확하게 이해가 되지 않는 말도 있을 수 있습니다. 명상은 항상 무언가 신선하고 새로운 것을 알려 주기 때문입니다. 심지어 같은 말로 표현할 수 있는 경험들이라고 해도 절대 같은 것이 아닙니다.

그러므로 각각의 명상에 천천히 편안하게 들어가 보고, 신비로워 보이는 명상 지침이나 해설이 자신의 마음에 스며들게 해 보세요. 이런 말들이 자신의 마음에 깊숙이 스며들게 되면, 자신의 통찰로 그 뜻을 알게 될 것입니다. 예를 들어, 짧은 만트라 '옴, 아, 훙'은 첫 번째 명상에서 소개된 후, 이어지는 각 장에서 점차 자세하게 설명됩니다. (불교의 만트라는 중요한 상징적 의미를 담고 있을 뿐 아니라 소리 자체만으로도 이익을 주기도 하는 구절을 염송하는 것입니다.) 이 짧은 만트라는 처음에는 꽤나 간단해 보일 것입니다. 명상을 준비하기 위해 마음과 몸을 이완시키는 방법 정도로 보일 수도 있습니다. 그러나 이 세 글자는 이완시키는 기능보다 훨씬 더 많은 것들을 포함하고 있으며, 그 의미가 더욱더 커지게 됩니다. 어느 면에서는 이것이 좀 이상해 보일 수도 있지만, 조금 더 기다려 보면 시간이 지날수록 '옴, 아, 훙'의 더 깊은 의미를 이해하게 되고 '느끼게' 될 것입니다. '마음의 진정한 본성'이나 깊은 명상 경험을 표현하는 '쉼' 같은 말도 마찬가지입니다.

어떤 주제를 보여 주는 방법에는 기본적으로 두 가지가 있습니다. 하나는 정보를 하위 주제로 나누어 하나의 내용이 다른 내용으로 논리적으로 이어지게 개요를 만드는 방식입니다. 다른 하나는 여러 가닥의 끈이 모이는 것처럼 각각의 내용을 하나로 합치는 유기적인 방법입니다. 낄룽 린포체의 설명은 유기적인 방법에 해당합니다. 비슷한 듯하지만 조금씩 다른, 미묘한 차이가 있는 조언을 거듭하면서 점차 중요한 세부 요소들을 채워 나가며 미세하게 연결된 것들을 드러내고, 특정한 명상이나 명상 전체에 대해 더 잘 이해하도록 색을 더해 주면서 다양한 각도를 통해 명상에 접근합니다. 린포체는 비선형적인 방법으로 일곱 가지 명상을 알려 줍니다. 유념해야 할 것들, 설명, 조언, 유머와 열정으로 가득한 비선형적인 풍부한 설명 방식은 우리가 습관적으로 반복하는 양상에 대응하여, 수행을 통해 마음의 신비를 풀어 나갈 수 있게 해 줍니다. 이 안내서에는 이러한 품성이 아주 잘 담겨 있습니다.

일곱 가지 명상을 읽으며 각각의 명상을 시도할 때 유념해야 할 것이 있습니다. '제대로 된 명상과 그 명상의 결과는 빨리 나타나지 않을 수도 있다.'는 것입니다. 사실, 인내는 명상의 핵심 요소입니다. 결과를 얻으려는 조급함이 가라앉아야 원래 드러나야 하는 품성이 드러날 수 있기 때문입니다. 그 조급함은 깊고 안정적인 명상을 가로막는 주요 방해물 가운데 하나입니다. 조급함은 기대와 아주 가까이 닿아 있습니다. 명상을 시작하면서 어떤 결과를 바라게 되면, 그저 산란함이 더해질 뿐입니다. 여기서는 더하기보다는 덜어 내 보세요. 명상을 잘하고 있는지 잘 못하고 있는지 마음 쓰지 마세요. 또한, 명상을 습관화하세요. 각자의 상황에 맞추어 가능한 만큼 정기적으로 수행해 보세요. 명상하는 습관은 우리가 평생 이어 온 산란함과 불안함의 습관, 현대 사회의 빠른 속도가 우리 안에 깊이 뿌리 내린 성향에 대비되는 습관임을 기억하세요.

더 많은 이익

삶은 항상 변합니다. 이는 명백한 사실이며, '그대로 있지 않음(무상, 無常)'은 불교의 중심 주제입니다. 변화를 두려워하는 것은 아무런 도움도 되지 않습니다. 명상하며 쉴 수 있고 자신의 생각과 감정들에 열린 채 머무를 수 있다면, 인생의 시련으로부터 자기 자신을 더 잘 지킬 수 있고 다양한 어려움에 현명하게 대처할 수 있을 것입니다. 여기에는 신체적인 질병도 포함됩니다. 명상에 치유력이 있다는 것은 과학적으로 입증되었습니다. 예를 들어, 마음-몸 의학의 선구자이자 이완 반응법의 발견자인 허버트 벤슨 박사(Dr. Herbert Benson)는 과학적인 통찰 연구 방법에 기반하여 명상을 연구하였습니다. 몸과 마음이 편안하게 균형 잡혀 있으면, 병이 생기게 하거나 병을 악화시키는 원인이 되는 스트레스를 없애거나 줄일 수 있습니다.

이 일곱 가지 명상은 전통적인 티베트 불교 수행의 핵심을 토대로 하고 있기 때문에 오랜 기간 명상 수행을 해 온 분은 물론, 명상 수행을 전혀 하지 않았던 분 모두에게 잘 맞습니다. 새로 명상을 시작하는 분은 점점 더 깊어지는 경험과 이해로 이끄는 따뜻한 길을 발견하게 될 것이고,

경험이 많은 명상 수행자는 편안함과 확실함과 쉼이 더해진 수행을 이어 갈 수 있을 것입니다.

브라이언 호델(Brian Hodel)

한국 독자들께

한국은 불교 역사가 오래된 곳이기 때문에 부처님이 누구신지, 부처님 가르침이 무엇인지는 따로 말씀드리지 않아도 될 것 같습니다. 그렇지만 중생들의 해탈을 위한 다양한 가르침과 수행법은 아주 넓고 심오하므로 이에 대해 조금 말씀드리고자 합니다.

제 경험상 한국 불자들은 신심도 깊고, 끈기 있게 수행하는 분들인 것 같습니다. 한국을 방문할 때면 '어떻게 하면 더 효과적으로 수행할 수 있는지'에 대한, 아주 근본적이고도 중요한 질문들을 받곤 하였습니다.

무엇보다도 먼저, 가장 중요한 것은 수행의 길에서 무엇을 찾고자 하는지 스스로 알고, 일상에서 실천할 수 있는 수행법을 선택하는 것입니다. 그렇게 하지 않으면 어떤 것에도 온전히 집중하지 못한 채 이 수행 저 수행을 오가며 영적인 세계에서 떠돌게 될 것입니다. 이런 현상은 21세기를 사는 우리 앞에 놓인 바쁜 사고방식과 다양한 선택지와 가능성 때문에 생기는 문제입니다. 자칫하면 정말로 찾고 있는 것에 힘을 쏟지 않고 게으르고 무능해질 수 있습니다. 우리는 쉽게 산란해집니다. 그리고 빠르고 쉬운 이익을 추구하는 현대인들의 세속적인 삶의 태도는 정신적인 수행까지 영향을 미치기도 합니다.

부처님의 가르침에서 온 명상 수행을 포함하여 갖가지 명상 수행이 온 세상에 널리 퍼져 나가고 있습니다. 바쁘게 돌아가는 세상을 살아가는 데 명상이 크게 도움이 되기 때문입니다. 개인은 말할 것도 없고, 기업, 대학, 병원, 사회관계망 등 여러 조직에서 다양한 방식으로 명상을 도입하고 있습니다. 다양한 명상 수행들이 즉각적으로 도움을 주는 일이 많습니다.

어쩌면 부처님이나 불교를 믿는 것만으로 이미 충분하다고, 직접 수행을 하는 것은 별로 중요하지 않다고 생각할 수도 있습니다. 그러나 믿음만으로는 깨달음과 완전한 이익을 얻을 수 없습니다. 그건 마치 식당에 가서 음식은 주문하지도 않고 차림표를 읽는 것만으로 그 음식의 영양분을 섭취하기를 바라는 것과 같습니다. 그러니 바른 관점을 세우고 지혜와 자비와 명상 수행을 일상에서 실천하여 자신과 다른 이들에게 도움을 준다면, 자신이 경험하는 일상의 모든 순간에 이런 품성을 통합할 수 있을 것입니다.

부처님께서 이렇게 말씀하셨습니다.

승려와 불자들은
금을 녹이고 자르고 문지르듯이
나의 가르침을 주의 깊게 살피라.
그저 공경하는 마음으로 받들어 받아들이지 말라.

부처님의 가르침은 광활하고도 심오합니다. 그리고 우리에게는 여러 다른 전통에서 내려오는 수행에서부터 뉴에이지의 수행에 이르기까지 많은 선택지가 있습니다. 그 가운데 어떤 수행이 나에게 맞는 명상 수행인지, 내 일상과 잘 어우러지는 수행인지, 그리고 다른 이들을 돕기에 알맞은 수행인지 찾아야 합니다.

어떤 분들은 부처님 가르침을 하루 만에 전부 다 배울 수 있을 거라는 환상을 가지기도 합니다. 또 어떤 분들은 부처님 가르침에는 여러 측면이 있고, 모든 가르침을 다 배우고 닦을 수는 없기 때문에 지름길을 찾을 수 있을 것이라고 생각하기도 합니다.

이토록 분주한 세상에서 전통적인 방식에 따라 순서대로 교학과 수행을 모두 익히는 것은 거의 불가능합니다. 심지어 지름길을 택한다고 해도 마찬가지일 것입니다. 우리에게 필요한 것은 현대 사회의 생활 방식과 한정된 시간에 적합하면서도 부처님 가르침의 진정한 지혜의 정수를 잃지 않는 그런 수행입니다.

지름길로 가는 수행은 얼핏 빠르고 쉬워 보일 수도 있지만, 결국에는 귀한 시간을 낭비하게 될 수도 있습니다. 쉼, 열림, 사랑, 자비심 같은 명상 수행의 진정한 핵심적인 품성을 기르는 수행을 하는 것이 더 유익할 것입니다. 조급하게 수행해서는 이런 품성을 담을 수도, 길러 낼 수도 없습니다.

저는 이 책을 쓸 때, 두 가지를 중요하게 여겼습니다. 첫째로, 바쁜 분들도 용기를 얻고 도움을 받으실 수 있도록 간단하면서도 심오한 명상을 소개하고자 하였습니다. 둘째로, 깊은 마음 열기, 모든 이들을 향한 사랑과 자비, 마음의 참된 본성을 깨닫는 것을 포함하여 부처님 가르침의 기본이 되는 지혜의 본질을 생생하게 살려 담으려 하였습니다.

일상에 적용할 수 있는 이러한 수행법들은 깨달음에 이르는 완전한 길이 될 수 있습니다. 또한, 앞으로 더 심오한 불교 수행의 길을 가려고 공부하는 분들께 이 책은 더욱 깊은 성취로 가는 문을 열어 드릴 수 있을 것입니다.

이 책에 소개된 수행은 부처님으로부터 역사상의 위대한 스승들을 통해 오늘날까지 끊이지 않고 이어져 온 청정한 법맥에서 왔습니다. 수천년 동안 지구상의 수많은 존재를 이롭게 해 온 수행법입니다. 수천 년을 이어, 분주하고 복잡한 21세기에도 이 수행이 얼마나 도움이 되고 있는지 생각해 보면, 지금 우리가 이 수행을 잘하면 앞으로 올 세상에도 틀림

17
한국 독자들께

없이 크게 도움이 되리라는 것을 알 수 있습니다.

요약하자면, 마음 챙김 수행을 하는 분이라면 모든 존재를 위한 사랑과 자비심을 키우는 것이 마음 챙김 수행과 똑같이 중요하다는 것을 알아야 합니다. 마음의 진정한 본성을 발견하도록 해 보세요. 일상생활에서 어느 한쪽으로 치우치지 않고 남을 위하는 태도를 길러야 한다는 사실을 기억하세요. 여러 방면으로 두루 수행해 나가다 보면 내면의 평화와 조화로움, 쉬는 깊은 마음을 만나게 될 것입니다. 이것이 기반이 되어 자신과 다른 이들 모두에게 도움을 주게 될 것입니다.

바쁘게 돌아가는 오늘날, 삶의 모든 순간에 균형이 잘 잡힌 마음 챙김을 하고, 자애심을 길러 나가면 모두에게 아주 큰 이익이 될 것입니다.

나는 해탈에 이르는 방법을 보여 주었다.
그러나 해탈은 자기 자신에게 달려 있음을 알아야 한다.
- 부처님 말씀

샤 낄룽 린포체(Dza Kilung Rinpoche)

시작하는 글

명상의 가치

우리가 살아가는 이 세상은 나날이 더 작아지고, 더 바빠지고 있습니다. 안으로는 생각과 감정이, 밖으로는 급변하는 일상의 환경이 점점 더 많은 문제를 일으켜 우리를 괴롭힙니다. 우리는 이런 것들의 압박을 받아 부자연스럽게 행동하게 되곤 합니다. 어떤 일이든 자연스럽게 일어나도록 내버려두지 않습니다. 우리의 흐릿한 정신 작용 방식과 인식으로 인해 우리가 경험하는 세계인 윤회 세계를 완전히 편안하게 받아들이지도 않고 만족스러워하지도 않습니다.

우리는 내적인 세계와 외적인 세계를 모두 행복하고 조화롭게 하여 의미 있는 삶을 만들어 가야 합니다. 명상과 같은 영적인 훈련으로 우리 자신에게 힘을 실어 줄 때, 많은 문제가 줄어들고 심지어 해결되기까지 합니다. 명상은 스트레스를 줄여 줄 뿐 아니라, 불행한 마음과 우울증도 치유할 수 있습니다. 명상은 우리가 불균형을 바로잡고 앞으로 나아가도록 도울 수 있습니다.

삶이 물질적으로 풍요로워지면 고통이 없어질 것이라고 생각할 수도 있지만, 이는 전혀 사실이 아닙니다. 마음이 괜찮은 상태일 때는 물질이 고통과 어려움에서 벗어나도록 도움을 줄 수도 있지만, 사실 그다지 크게 도움을 주지도 못할뿐더러 도움을 받더라도 그 효과 역시 오래가지 못합니다. 우리는 내면의 힘 즉, 내면의 행복에 의지하여야 합니다. 그리고 명상을 통해 내면의 행복을 발견하면, 이를 지속시키고 더욱 강하게 만들어 언제나 우리에게 양분을 주도록 해야 합니다. 외적인 환경이 아주 좋을 때도, 내면의 열쇠를 절대 잊지 않는 것이 진정한 행복을 기르기 위해 꼭 필요합니다. 왜냐하면 모든 것이 영원하지 않기 때문입니다. 부처님께서도 "그 어떤 것도 변하지 않는 것은 없다."*라고 말씀하셨습니다. 수행의 힘이 강해진 데다 바깥 상황까지 좋아지면, "수행 같은 건 이제 필요 없어."라고 스스로에게 말할 수도 있습니다. 아니면 게을러져서 자신의 수행을 약화시킬 수도 있습니다. 그러나 우리가 살면서 만나는 모든 외적인 조건은 언제나 변할 수 있으며, 변할 것입니다.

불교에서는 영원한 것은 없다고 합니다. 만약 영원하다고 할 만한 것이 있다면, 그건 제가 말씀드리는 내면의 행복일 것입니다. 내면의 행복은 우리의 깊은 마음에 함께하는 것이기 때문에 외적인 환경보다 더 믿을 만합니다. '깊은 마음'은 이 책에서 줄곧 사용되는 매우 중요한 용어입니다. 이는 선함, 긍정성, 지혜의 에너지 중심인 '인간의 정신'과 같은 말이며, 일상에서 자주 사용하는 표현인 '마음 깊은 곳'과 비슷하다고 할 수 있습니다. "마음 깊은 곳에서, 그러니까 당신의 마음속 깊은 곳의, 가장 깊은 직관으로 이것이 어떻게 느껴지나요?"라고 할 때처럼요. 깊은 마음이 머무르는 곳은 가슴 한가운데입니다. (비록 둘이 관계가 있기는 하지만) 깊은 마음과 뇌를 혼동해서는 안 됩니다. '깊은 마음'의 진정한 의미는 경험과 직관을 통해 배워야 합니다. 내면의 행복이 무엇인지 진정으로 알고 나면 쉽게 잃어버리지 않습니다. 아무도 빼앗아 갈 수 없습니다. 그렇기 때문에 내면의 행복을 내적인 자유, 또는 완전한 자유라고 하는 것입니다.

명상 수행을 발전시키는 것은 정원을 가꾸는 것과 같습니다. 자리를 정하고 땅을 고르고 필요한 것을 모아 정원을 만들어야 하고, 계속 정성

---

* 『앙굿따라 니까야』 3.65.

을 쏟아 정원을 관리하기도 해야 합니다. 이 두 가지가 모두 이루어질 때 아름답고 가치 있는 정원이라는 훌륭한 결과를 얻을 수 있는 것입니다. 그러므로 기회가 된다면 날마다 명상 수행을 하시길 권해 드립니다. 그러다 보면 점점 익숙해져서 어느 순간에는 수행이 수월해지고 자연스럽게 느껴질 것입니다.

나아가 자신의 내면과 만나는 데 도움이 되는 모든 종류의 명상이나 요가, 여러 치유 전통의 수행을 하실 것을 권해 드립니다. 이러한 수행들은 자기 자신에게 도움이 될 뿐 아니라, 온 세상에도 도움이 됩니다. 백 년쯤 전에는 각자 지내는 곳에 따라 삶의 방식이 달랐습니다. 그 시절에는 마음만 먹으면 방해를 덜 받는 평화로운 곳을 쉽게 찾을 수 있었을 것입니다. 그러나 오늘날에는 기술, 무역, 사업, 교통수단 등의 확장으로 모든 곳이 점점 비슷해지고, 무척 바빠지고 있습니다. 이제는 마음속에서 평화를 찾아야만 합니다. 마음의 평화를 찾는 것은 우리가 자신과 다른 이들에게 줄 수 있는 가장 훌륭한 선물이라고 생각합니다. 날마다 명상을 하면 영적인 품성과 마음의 본성에 대한 이해가 높아지는 것은 말할 것도 없고, 신체를 건강하게 하고 삶의 방식을 향상시키는 데도 도움이 됩니다.

부처님은 "마음의 본성을 알게 되면 중요한 모든 것을 알게 된다."라고 분명히 말씀하셨습니다. '마음의 본성'이란 '부처의 성품', '본래 의식'과 같은 뜻이며, 다른 말로는 '알아차림의 궁극적이고 순수한 본성'이라고도 합니다. 날마다 아주 잠깐 동안이라도 주의를 기울여 우리 존재를 오롯이 들여다본다면, 우리는 마음의 본성에 이를 수 있습니다. 홀로 외따로 떨어져 살아갈 필요도 없습니다. 자신이 속한 사회와 가족, 해야 할 일을 뒤로한 채 떠날 필요도 없습니다. 활발하게 뛰노는 아이들 소리, 전화벨이 울리는 소리, 이웃에서 들려오는 소음에 둘러싸여 있더라도 아무 문제가 되지 않고 마음이 행복하고 평화로울 수 있습니다. 이따금 단 몇 분만이라도, 어떤 일이 일어나든 마음을 완전히 연 상태로 그저 내면의 고요를 느낄 수 있는 곳을 발견한다면 내면의 회복력을 기를 수 있습니다. 무슨 일이 일어나든 마음을 열고, 단 몇 분만이라도 내가 편안히 있도록 가만히 놔두세요. 수피교 시인인 잘랄 알 딘 루미(Jalal al-Din Rumi)는 이런 시를 남겼습니다. "어제의 나는 똑똑했기에 세상을 바꾸고 싶었다. 오늘의 나는 현명하기에 나 자신을 바꾸고 있다."

이 작은 행동은 정말 강력합니다. 지금껏 우리는 이런저런 일로 계속하여 바쁘게 살아왔기 때문에, 우리를 달래 주는 자양분의 근원에 매우 굶주려 있습니다. 이 정신적인 에너지는 특별한 방법으로 우리에게 양분을 줍니다. 날마다 오랜 시간을 들여 양분을 줄 수 있다면 좋겠지만, 그 시간이 5분이나 10분밖에 되지 않더라도 많은 도움이 됩니다. '훌륭한 명상 수행자'가 되어 시작할 필요는 없습니다. 그저 가슴과 마음이 이 말에 동의하기만 하면 됩니다. "쉬어 보자. 지금 생각을 좇아 방황하거나 걱정할 이유가 없어. 쉬면서 열려 있도록 하자." 생각을 멈출 필요도 없습니다. 그저 그 생각들과 함께 머무르되 생각에 빠져들거나 사로잡히지만 않으면 됩니다. 완전히 열린 채로 머무르면서 그 안에서 쉬도록 합니다.

더 자세히 보기

불교 명상의 주요 목적은 마음을 길들이는 것입니다. 사람은 엄청난 지적 능력이 있는 강력한 마음을 지니고 있지만, 이 강력한 마음으로 많은 문제를 일으킬 수도 있습니다. 삶의 좋은 면과 긍정적인 면을 바로 알거나 감사하게 여기지 않기 때문에 그렇게 됩니다. 우리들 각자의 마음 안에는 자신과 다른 이들을 포용하는 열린 본성인 자애심과 자비심이 있습니다. 우리의 마음을 잘 알게 되고 아는 것을 능숙하게 활용할 수 있게 된다면, 그 힘은 우리 삶을 완전히 다르게 만들 것입니다. 명상은 이러한 긍정적인 품성을 알게 하고 그 힘을 활용할 수 있도록 돕습니다. 명상을 함으로써 긍정적인 품성들은 우리 일상의 일부가 될 것입니다. 이런 선한 품성들이 언제나 나와 함께한다는 사실을 이해하고 나면, 우리는 삶을 더 감사하게 여기고 기뻐하며 더욱더 긍정적으로 변하게 될 것입니다. 명상을 통해 우리의 마음은 더욱 현명해지고 깨어 있게 됩니다. 우리가 그토록 바라는 기쁨과 만족에 이르게 될 것입니다.

이 모든 것의 핵심은 쉽습니다. 외적, 물질적 세계인 21세기는 매우 빠르게 움직이고 있습니다. 변화의 속도가 너무나도 빠릅니다. 그래서 우리 모두 언제나 좀 뒤처져 있다고 느낍니다. 계속해서 그 속도를 따라잡지 않으면 더 뒤처질 것만 같습니다. 조급함과 불안감이 만연해 있기에, 우리가 자신이라고 느끼는 우리의 자아는 그런 것들로 고군분투하느라 우리 내면세계에 대해 아주 조금밖에 관심을 기울이지 않고 있으며, 거의 가치를 두지도 않습니다.

어떤 면에서는 현대 기술의 발전이 만들어 가는 모든 것들이 썩 괜찮아 보이고 희망적으로 보일 수도 있지만, 제가 보기에는 현대 기술의 발전은 큰 문제를 일으킵니다. 우리가 너무나 고통받고 있는 것이 그 증거입니다. 이 사실을 상기하기 위해 뉴스를 볼 필요도 없습니다. 우리 마음속에는 외적인 발전이 주지 못하는 무언가에 대한 불만과 갈망이 있습니다. 우리의 마음은 뒤에 내버려둔 채, 무언가 더 나은 것만을 바라고 있습니다.

휴가를 떠나는 것을 예로 들어 보겠습니다. 휴가라는 것은 일터에서 멀리 떠나와 일이 중심인 일상의 할 일에서 벗어나는 것입니다. 그러나 바다나 산, 숲 같은 휴가지에 도착해도 마음은 여전히 바쁩니다. '마음'

이 휴가를 떠나지 않았기에 우리도 휴가를 누리지 못합니다. 모두 비슷한 경험이 있을 겁니다. 어쩌면 우리는 빠르게 돌아가는 현대 생활로 인해 우리의 마음이 거칠어지고 다루기 힘들어졌다는 것을 이미 알아차리고 있을 수도 있습니다. 가끔은 마음이 집중된 고요한 상태이길 바랄 때도 있지만, 우리의 마음은 마치 말썽꾸러기 아이처럼 여기저기를 뛰어다닙니다. 명상을 통한 훈련은 우리가 집중과 쉼 사이에서 균형을 잘 잡을 수 있도록 도와줍니다.

명상은 나이에 상관없이 누구에게나 도움이 됩니다. 젊은 사람들의 경우, 비록 지금 심오한 수행을 하지 않더라도, 명상을 습관화하여 훗날 열매 맺을 중요한 씨앗을 심을 수 있습니다. 특히나 10대 청소년들은 명상을 습관화하기가 매우 어려울 것입니다. 제가 기억하는 저의 그 시절이 그랬던 것처럼, 십 대 때는 에너지가 넘쳐서 할 수 있는 한 모든 것을 배우고 싶어 하고 경험하고 싶어 하기 때문입니다. 어른들에게도 명상은 도움이 됩니다. 생계를 꾸리는 과정에서, 자녀가 생겨 성장하는 가정을 꾸리며 살아가는 과정에서 만나는 복잡한 문제들을 새로운 시각에서 바라볼 수 있게 하기 때문입니다. 그리고 나이가 많은 분들에게도 명상은 도움이 됩니다. 오랜 세월 단단히 자리 잡은 습관이 곤란한 문제로 변하지 않도록 하는, 쓸모 있는 도구 정도의 역할이라도 하기 때문입니다. 은퇴하여 생기는 자유로운 시간과 쾌적한 환경이 주는 안락함만으로는 우리가 동경하는 마음의 평화와 행복을 얻을 수 없습니다. 명상은 우리의 정신적, 감정적 상태를 이해하는 데 필요한 쉼과 통찰을 제공합니다. 우리가 자신의 내면을 들여다볼 때 마음이 쉴 수 있다면, 활동적인 젊은 사람일지라도 삶이 굉장히 크게 변할 것입니다. 무슨 일이든 더 현명하게, 더 긍정적으로 해낼 수 있습니다.

저는 명상이 사원의 출가 수행자나 험난한 산속 동굴에서 수행하는 금욕 수행자만을 위한 것은 아니라고 믿습니다. 누구든 원하는 사람은 모두 이 일곱 가지 명상을 통해 자기 삶에 긍정적으로 활용할 만한 것을 얻을 수 있을 것이라고 생각합니다. 사람들이 지닌 마음의 본성은 모두 같습니다. 사람들의 마음속에는 자아의 날뜀과 욕망, 행복에 대한 바람 같은 것이 있습니다. 지속적으로 수행하여 명상하는 데 익숙해지면, 명상 방석에 앉지 않고 다른 활동을 하는 동안에 노력하지 않아도 저절로 행복이 떠오르는 때가 찾아올 것입니다. 하지만 어느 정도 정성을 들이지 않는다면, 명상의 효과는 절대 한결같지 않을 것입니다. 오랜 시간에 걸쳐 수행하여 명상에 익숙해지면 성냥을 긋자마자 불이 일어나 순식간에 주변을 밝히는 것처럼, '명상'이라는 단어를 듣는 것만으로도 우리 마음이 즉시 수행의 품성과 수행의 지혜와 수행의 에너지로 들어가는 것을 보게 될 것입니다.

일단 명상이 자기 삶의 일부가 되면, 이 수행이 다른 이들에게 긍정적인 영향을 미치는 것을 알게 될 것입니다. 수행의 온화함과 평화로움은 주변 환경 전체에 영향을 미칩니다. 이 효과는 다른 명상 수행자와 함께 수행할 때 더 강력해집니다. 의도하든 의도하지 않든, 분명히 다른 이들에게 이익을 주게 될 것입니다. 이와 반대되는 부정적인 상황에서 비슷한 경험을 해 보셨을 것입니다. 버스나 공원 같은 공공장소에서 누군가 고함을 지르거나 싸우는 것을 보면 주변에 가까이 있는 사람들이 모두 불안해하고, 긴장하고, 두려워합니다. 두려워할 이유가 전혀 없음에도 겁에 질리게 됩니다. 공격적인 생각과 행동에서 그런 부정적인 파장이 퍼져 나가는 것처럼, 명상에서 생긴 평화롭고 자애로운 태도는 긍정적인 영향을 끼치게 됩니다. 만약 우리가 지구의 평화를 바라고 주변 환경을 치유하고자 한다면, 먼저 우리 자신의 내면을 바라보고 스스로를 치유해야 합니다. 그리고 나서 이 긍정적인 영향력을 바깥으로 확장해야 합니다. 함께 명상할 때 나오는 강력한 에너지는 지구를 치유하고 모든 생명체를 행복하게 할 수 있습니다.

수행 시작하기

수행할 때는 일곱 가지 명상 중 어떤 명상을 하더라도, 티베트 불교 전통에 전해 내려오는 '잠깐씩, 여러 번'이라는 지침을 따르셨으면 합니다. 적어도 처음에는 시간을 짧게 정해 여러 번 명상하도록 해 보세요. 5분 명상을 하루에 열 번 할 수 있다면 그것도 좋습니다. 일상생활을 하면서 근무 중 휴식 시간이나 잠시 할 일이 없을 때, 학생이라면 통학 버스에서도 짧은 명상을 할 수 있습니다. 부처님처럼 보이도록 똑바로 앉지 않아도 됩니다. ("저기 봐! 오늘 버스에 부처님이 탔어.") 부처님처럼 똑바로 앉아서 명상하면 아마 좀 창피한 느낌이 들면서 "나는 아직 부처님이 아니야. 난 여전히 민수야."라고 생각할 수 있습니다. 맞습니다. 물론 여전히 민수입니다. 그러나 오늘은 마음이 다릅니다. 왜 그럴까요? 평소의 민수는 제시간에 집에 도착할지, 내릴 정류장을 놓치지는 않을지 걱정합니다. 그러나 오늘의 민수는 집으로 가는 길에 별다른 걱정을 하지 않고 좀 더 편안합니다. 내면이 더 차분하고 평화로운 것입니다.

저는 불교 수행자이며, 높은 히말라야산맥에서 태어나고 자란 티베트 라마*입니다. 약 15년 동안 서양의 이곳저곳을 다니며 지냈습니다. 여기 이 일곱 가지 명상은 불교 전통을 토대로 삼긴 하였지만, 현대의 명상 수행자들을 위해 특별히 고안된 것입니다. 명상 방식에 따라 일곱 가지로 구분하여 순차적으로 구성하여 안내하는 방식을 여러분이 편안하게 느끼기를 바랍니다. 그렇지만 각각의 명상을 하나로 엮어 주는 중요한 연

---

* 라마(喇嘛)는 티베트 불교에서 부처님 가르침을 전하는 스승을 부르는 말이다. - 역자 주

결 줄기를 아는 것도 매우 중요합니다. 앞서 말씀드렸듯이 일곱 가지 명상은 점진적인 방식으로 서로 이어져 있습니다. 첫 번째 장은 두 번째 장을 위한 준비 단계가 되고, 두 번째 장은 세 번째 장을 위한 준비 단계가 되는 식입니다. 하지만 만약 어떤 명상 방법이 특별히 마음에 든다면 계속 그 명상만 하여도 괜찮습니다. 좋아하는 명상을 하다 보면 다른 명상을 더 살펴보고 싶어질 것입니다.

처음에는 일곱 가지 명상을 순서대로 수행하면서 각 명상에 대해 조금씩 알아 가며 경험하는 것이 도움이 될 것입니다. 다음 명상으로 넘어가면서 각각의 명상에 공통되는 주제와 방법들을 점점 더 발전시킬 수 있기 때문입니다. 그 가운데 하나는 가만히 있지 못하고 거칠게 날뛰는 '말썽꾸러기' 마음을 길들여 더 집중할 수 있게 만드는 것입니다. 또 다른 하나는 쉬는 마음을 기르는 것입니다. 쉬는 마음을 기르는 것은 마음을 길들이는 과정에서 가장 많은 부분을 차지하며, 가장 중요한 부분이기도 합니다. 순서대로 명상해 나가다 보면 마음을 쉬고 집중하는 것이 점점 더 쉬워질 것입니다. 마침내 마음이 현명해져서, 정신적으로 산란하고 불안정한 것을 바로잡지 않아도 되게 됩니다. 이 상태가 바로 마음의 본성과 알아차림의 본성을 인식하는, 깨어 있는 상태일 것입니다.

제가 저의 제자들에게 일곱 가지 명상을 일 년 주기로 반복하여 가르친 것처럼, 여러분도 같은 방식으로 해 나가면 각각의 명상이 여러분에게 스며들어 여러분이 모든 명상에 완전히 익숙해질 수 있을 것입니다. 첫 번째 명상(명상의 신체적인 면을 강조하는 몸 느끼기 명상)은 한 달 정도 이어 하고, 두 번째 명상(고요히 머무는 명상)은 두 달 동안 이어 합니다. 세 번째 명상(다듬어진 명상)은 한 달 동안, 통찰 명상(위파사나 명상)은 두 달 동안, 다섯 번째 명상(깊은 마음 열기 명상)도 두 달 동안 이어 합니다. 여섯 번째 명상(순수한 마음 명상)도 두 달 동안 이어 하고,

마지막 명상(개념 짓지 않는 명상)도 그렇게 합니다. 물론 더 길게 하고 싶으면 그렇게 하셔도 됩니다.

이 일곱 가지 명상이 어디에서 왔는지 궁금할 수도 있습니다. 티베트 불교는 개인의 깨달음을 강조하는 초기 상좌부(소승) 불교 전통, 모든 존재를 윤회의 고통에서 벗어나게 하고자 하는 바람이 동기가 되어 깨달음을 추구하는 후기 대승 불교 전통, 경험하는 모든 것의 본성이 청정하고 깨달은 것이라고 보는 금강승 전통, 부처님의 깨달은 상태인 본래 인식에서 쉬는 것을 강조하는 '족첸'* 전통을 결합한 것입니다. 일곱 가지 명상 중 앞부분의 네 가지 명상은 상좌부 전통에서 온 것입니다. 다섯 번째 명상은 좀 더 대승적인 명상이고, 여섯 번째 명상은 금강승에서 온 명상이며, 일곱 번째 명상은 족첸 명상의 입문에 해당합니다.

1부에 속하는 첫 번째 명상부터 네 번째 명상은 바쁜 마음을 진정시켜 내면과 연결시키기 위해 고안되었습니다. 초반에 나오는 각각의 명상 방법으로 마음은 점차 더 잘 집중하게 됩니다. 2부에 속하는 나머지 세 가지 명상은 마음과 느낌의 내적인 품성을 강조하며, 마음으로 지어내는 것을 멈추고 그곳에서 쉬라고 가르칩니다. 1부의 명상들을 너무 빠르게 끝내고 2부로 들어가게 되면, "이 사람은 왜 자꾸 같은 말을 반복하며 비슷한 걸 가르쳐 주고 있지?"라고 생각하며 앞부분의 명상들만 더 오래 하고 싶어 할 수도 있습니다. 설명하는 어휘는 비슷해 보이겠지만, 2부에 나오는 명상은 훨씬 더 섬세하며, 1부에 나오는 명상을 완전히 경험하고 이해해야만 2부에 나오는 명상을 제대로 할 수 있습니다.

---

* 족첸(ཪྫོགས་ཆེན)은 '위대한 완전함(대원만, 大圓滿)' 또는 '아티 요가(ati-yoga)'로 번역된다. 청정한 알아차림인 마음의 본성을 봄으로써 깨달음을 성취하는 빠르고 직접적인 길이다. 금강승 불교 전통 가운데 하나이다.

일곱 가지 명상에 대한 간략한 설명

1. 첫 번째 명상: 거친 차원의 기본 명상(티베트어: 짠곰). 명상 안에서 정신적인 알아차림과 신체적인 알아차림 결합하기. 명상은 마음만을 위한 것이 아닙니다. 이 단계에서는 마음과 몸을 함께 쉬게 하며, 명상 자세에 대해 배웁니다. 이 모든 것은 다음 장인 고요히 머무는 명상의 준비 단계입니다.

2. 두 번째 명상: 고요히 머무는 명상(티베트어: 시내, 산스크리트어: 샤마타). 어지러운 생각에서 벗어나 고요한 상태에 이르기 위해 주의를 집중하는 대상 활용하기.

3. 세 번째 명상: 명징함에 도달하기 - 다듬어진 명상(티베트어: 족곰). 고요함이 명징함, 쉼, 에너지와 영감으로 발전하게 됩니다.

4. 네 번째 명상: 통찰 명상(티베트어: 락통, 팔리어: 위파사나). 표면 아래 우리 내면의 본성 보기, 모든 현상의 본성 보기. 모든 것을 있는 그대로 보기.

5. 다섯 번째 명상: 깊은 마음 열기 명상(대승적 접근). 안과 밖을 더 넓게 바라보기. 자신과 타인을 가르는 이원성에 대한 집착 대신, 어느 한쪽으로도 치우치지 않은, 자비심의 기초가 되는 무한한 평등심을 기릅니다. 넓게 열리는 광활함 경험하기.

6. 여섯 번째 명상: 순수한 마음 명상(금강승적 접근). 현실의 순수한 본성과 정반대인, 깊이 뿌리박혀 습관이 된 방식을 초월하여 이원성의 어느 쪽에도 치우치지 않고 조화롭게 균형을 잡도록 마음을 더 활짝 열기.

7. 일곱 번째 명상: 개념 짓지 않는 명상(족첸 입문). 변치 않는 자신의 깊은 마음의 본성에서 마음을 쉬게 하기. 애쓰지 않고 마음의 본성에서 쉬기. 본래의 순수성을 경험함: 초월적 앎.

차례

제1부

　각 장은 그 장에서 익힐 명상 방법과 그 명상을 구성하는 주요 내용을 살펴보면서 시작합니다. 여기에 더해서 관련된 주제를 좀 더 구체적으로 설명하는 내용이 이어질 때도 있습니다. 그다음에는 실제로 명상하는 방법을 설명하고 더 구체적인 수행 지침이 이어집니다. 그리고 명상하는 동안 기억해야 하거나 도움이나 격려가 되도록 떠올려 볼 만한 도움말이 실려 있습니다. 각 장의 마지막은 낄룽 린포체가 제자들을 직접 지도한 기록에서 가려 뽑은 '질문과 답'으로 마무리됩니다.

기본 명상

마음과 몸을 연결하여 기초 닦기

몸에 집중하는 이 첫 번째 명상은 티베트어로 '짣곰(དཔྱད་སྒོམ་)'이라고 합니다. '짣'은 '분석적'이라는 뜻이고, '곰'은 '명상'이라는 뜻입니다. 이 수행은 마음과 몸이 모두 이완되어 쉬고 있는지 살펴보기 위해 마음과 몸을 전체적으로 훑어보거나 점검하기 때문에 분석적인 수행이기도 합니다.

이 명상에서는 마음과 몸을 연결합니다. 명상이 마음만을 위한 것이라는 생각을 갖고 있을 수도 있습니다. 사람들은 마음속으로 생각을 관찰하거나 생각을 따라가거나 어떤 다른 대상에 집중하는 등, 생각을 줄이거나 생각을 다루는 것을 명상이라 여기기도 합니다. 그런 경우에 마음은 "나는 잘하고 있어. 마음이 산란하지 않으니까 몸은 신경 쓰지 않아도 돼."라고 말할 것입니다. 하지만 그것이 전부가 아닙니다. 마음은 반드시 몸의 느낌과 깊이 연결되어 있어야만 합니다. 명상 중에는 마음과 몸이 함께 쉬고 있어야 합니다.

이 첫 번째 명상은 우리가 만지고 느낄 수 있는 물리적인 차원을 중요시한다고 해서 '거친' 차원의 명상이라고 합니다. 우리가 하는 모든 명상 수행에서 몸은 아주 중요한 기반입니다. 실제로 마음과 몸은 반드시 균형이 잡혀 있어야 합니다. 몸을 홀로 두고 마음이 어디 다른 곳에 있어 몸과 마음이 나누어지면, 마음 챙김*으로 생기는 편안한 쉼이 부족하게 되어 몸이 아주 뻣뻣해져서 조각상처럼 됩니다. 마음이 홀로 달려 나가면 몸은 마음을 따라잡지 못하여 긴장하게 되는 것입니다.

어떤 때는 명상하려고 자리에 앉아서도 마무리 짓지 못한 일에 마음

---

* 이완된 상태에서 방해받지 않고 집중된 정신 상태.

을 쓰고 있을 때가 있습니다. 그러니 명상에 들어가기 전에 신경 쓰이는 일들을 먼저 끝내는 것이 가장 좋습니다. 명상 중에도 그 일이 마음속에 계속 맴돈다면, 가능한 한 빨리 그 생각들을 쉬게 하고 몸으로 주의를 돌려 몸이 어떤 느낌인지 살펴보세요. 이런 단호하면서도 온화한 태도는 어떻게든 일을 빨리 끝내 버리려고 서둘러 처리하는 습관에서 벗어나도록 해 줍니다. 명상은 속도보다 질이 중요합니다. 절대 잊지 말아야 할 핵심입니다. 마음이 몸과 함께 있으면 직장에서 앉아 있거나 밥을 먹으며 앉아 있거나 할 때와는 다르게 느껴질 것입니다. 점점 더 편안해지고, 쉬고 있다는 느낌이 들고, 가피* 받는다는 느낌이 의식에 나타날 수도 있습니다. 열림의 광활한 느낌과 쉼을 경험하는 그때가 바로 마음과 몸이 함께 있고, 하나 되어 있고, 조화를 이룬 때입니다.

집이든 어디든 편안하고 친근한 느낌이 드는 특별한 명상 공간을 만들면 좋습니다. 집중에 방해가 될 만한 요소가 적고, 수행을 습관화해 나갈 만한 환경이 되는 곳에 명상 공간을 마련하시면 됩니다. 이렇게 마련한 공간은 수행이 나아가게 하는 긍정적인 에너지를 주며 수행을 도와줄 것입니다. 명상용 방석을 고를 때도 시간과 정성을 들여 보세요. 그렇게 하면 명상 방석이 "안녕? 혹시 몇 분 정도 명상을 하고 싶지는 않니? 나는 꽤 오랫동안 비어 있었어. 너랑 좀 만나고 싶은걸." 이렇게 말을 걸기라도 하는 것처럼 매력적으로 보이게 될 것입니다. 이런 식으로 명상 환경은 수행을 발전시킬 수 있는 영감을 주어 차이를 만들어 내기도 합니다. 규칙적인 시간을 정해서 명상하는 것도 도움이 되는 좋은 방

---

* 가피는 에너지나 영감 같은 것으로, 명상 수행을 통해 느낄 수 있다. 때로는 본존이나 다른 영적 존재들에 의해 생기는 것이라고 믿기도 한다. 이는 기독교에서 말하는 은혜와 유사한 개념이다. 완전히 깨달은 마음의 자비에서 나오는 이 에너지는 우리를 더 열어 주어 자신과 다른 이들을 더 많이 돕도록 한다.

법입니다.

명상이란 무엇인가?

명상을 시작한다는 건 정말로 무엇을 하는 걸까요? 바로 평소의 정신 상태인 분주함을 쉼으로 바꾸는 것입니다. 우리 모두에게 무척 필요한 일입니다. 명상을 시작할 때는 마음을 통제하려고 애쓰지 않도록 해 보세요. "어이쿠, 이 말썽꾸러기 마음아, 이렇게 거칠게 굴다니! 그런 건 멈춰야 해!"라고 스스로에게 말하면서 평소의 정신 상태를 비판하지도 않습니다. 우리는 더 쉬어야 하고, 더 열려야 하며, 통제하는 일에 마음을 덜 써야 합니다. 그러므로 마음이 흐트러졌을 때, 그저 마음이 몸을 느끼도록 가만히 되돌려 놓으면서 부드럽게 시작합니다.

이 단계에서는 대상을 시각적으로 떠올려 그 대상에 집중하거나 하는 복잡한 과정은 다루지 않습니다. 심지어 숨을 따라가는 것도 하지 않습니다. 더 정교한 명상을 하면 알게 될 것들로 마음에 부담을 지우고 싶지 않기 때문입니다. 마음은 복잡한 것을 좋아하기 때문에 처음에는 더 복잡한 명상을 해 보고 싶어 할 수도 있습니다. 그러나 그렇게 애를 쓰게 되면 에너지가 금방 고갈되어 명상에 대해 흥미를 잃게 될 것입니다. 그러니 몸에 대한 명상과 관련된, 단단하면서도 편안한 기초를 닦아 나가는 것으로 첫 번째 명상을 시작하겠습니다. 서두르지 않습니다. 에너지가 몸 안에서 어떻게 흐르는지 계속 알아차리면서, 아무것에도 방해받지 않고, 쉼 안에서 편안하게 쉬도록 합니다.

오늘날 현대 사회에 사는 우리는 다양한 문화에서 온 여러 가지 신체 단련 방법을 접할 수 있습니다. 많은 분들이 요가나 태극권 등 다양한 운동을 합니다. 불교에서는 형태가 있는 몸과 형태가 없는 몸, 이렇게 두 가지 몸이 있다고 봅니다. 형태가 있는 몸은 물리적인 신체를 뜻합니다. 형태가 없는 몸은 때로 '미세한 몸'(중국의 태극권이나 침술에서 이야기하는 '혈'이나 '기'와 비슷한 것)이라고도 부르며, 눈으로 볼 수는 없지만 몸의 에너지를 반영합니다. 형태가 있는 보통의 몸이 쉬게 되면 미세한 몸의 에너지가 좋아집니다. 미세한 몸은 맥과 바람, 에너지로 이루어져 있습니다. 이 내용을 깊이 다루지는 않겠습니다만, 몸이 좋은 자세로 있고 잘 관리되면 맥과 바람, 에너지가 잘 작용하여 몸이 편안하고 행복해집니다.

자세: 편안하게 명상하기

첫 번째 명상에서는 몸이 명상을 깊이 느껴 보도록 집중해 봅니다. 그렇게 하려면 안정적이고 편안한 자세를 취해야 합니다. 의자에 앉아서 명상해도 되지만, 가능하다면 다리를 접어 서로 엇갈리게 하여 바닥에 앉아 명상하는 것이 좋습니다. 다리를 접어 바닥에 앉으면 훨씬 곧고 안정된 자세가 되기 때문에 몸의 에너지가 부드럽게 잘 흐르게 됩니다. 부처님 모습을 그린 그림이나 조각상을 보면 부처님께서는 어느 한쪽으로 기울지 않고 완전히 바르게 앉아, 상체는 곧게 펴고 양쪽 발은 반대쪽 다리의 허벅지 위에 얹어 '연꽃 자세'로 앉아 계십니다.

　오랫동안 입식 생활만 해 왔다면 다리를 접고 바닥에 앉는 것이 좀 두려울 수도 있습니다. 하지만 지금이 이런 자세를 시도해 볼 만한 좋은 때입니다. 이런 분들은 먼저 힘줄을 유연하게 만들어야 하므로 간단한 자세부터 시작하여 점차 자세를 다듬어야 합니다. 몸을 유연하게 만들기 위해 요가를 하는 것도 도움이 됩니다. 몸이 이완되기 시작하면 마음에 영향을 미칩니다. 마음이 "그래, 할 수 있어."라고 하면, 몸은 마음을 따라가며 할 수 있는지 없는지 확인할 것입니다. 만약 몸이 이런 자세를 시도해 보기를 두려워하면, 마음이 "아니야, 못하겠어! 시도하지 마!"라고 말할 것입니다. 두려움에 사로잡혔기 때문입니다.

　명상에는 바뀌어 나아지고자 하는 의지와 열림, 이 두 가지가 필요하다고들 합니다. 그러니 우리가 새로운 명상 자세와 좀 더 어려운 명상 자세를 시도하는 것도 명상의 일부분입니다. 서두르지 않고 조심스럽게 자세를 잡아 나가다 보면 이전에 어려워 보였던 자세를 수월하게 해낼 수 있게 되고, 마침내 그 자세가 매우 편안해질 것입니다. 많은 분들이 무릎을 많이 구부리는 자세를 하지 않는 생활에 어린 시절부터 익숙해져 있기 때문에 무릎을 이렇게나 심하게 구부리고 앉는 것을 너무나 어려워하는 분도 있고, 아예 하지 못하는 분도 있습니다. 다리뼈가 부러졌거나 관절이나 신경에 문제가 있는 등 여러 건강상의 이유로 병원에서 무릎을 너무 많이 구부리지 말라고 처방받은 분들은 몸을 다치지 않게 그 처방을 잘 따라야 합니다.

연꽃 자세는 많은 분들에게 매우 어려운 자세이므로, 시도해 볼 만한 다른 유용한 자세를 좀 더 알려 드리겠습니다.

'반 연꽃 자세'는 연꽃 자세와 비슷하지만, 한쪽 발만 허벅지 위에 두고 다른 발은 바닥에 둡니다. 왼발을 보기로 든다면, 왼발을 오른쪽 허벅지 위에 두고, 오른발은 왼쪽 허벅지 아래나 무릎 아래 바닥에 둡니다. 가끔 다리를 반대로 바꾸어 앉습니다.

'버마식 자세'는 왼발을 두 다리 사이 가운데에 놓고 오른발을 그 앞에 둡니다. (물론 두 발의 위치는 바뀌어도 됩니다.)

위의 자세를 더 쉽고 편안하게 하려면, 바깥의 발을 안쪽에 놓은 다리에서 한 발 정도 앞으로 띄워 두면 됩니다.

'수월한 자세'는 왼발은 오른쪽 허벅지 아래에, 오른발은 왼쪽 무릎 아래에 들어가게 다리를 겹쳐 앉습니다. (어느 정도 시간이 지나면 다리를 반대로 바꾸어 앉습니다.)

'밀라래빠* 자세'는 팔로 몸의 뒤쪽을 지탱하는 자세입니다. 앞에서 설명한, 다리를 겹쳐 앉는 자세 중 하나를 골라 그렇게 앉은 다음, 왼손을 왼쪽 엉덩이 뒤쪽으로 보내 손바닥이나 주먹으로 바닥을 짚습니다. 오른손은 오른쪽 무릎을 감싸거나 손바닥이 위로 향하게 무릎 위에 올려놓습니다. 이 자세 역시 때로로 다리를 반대로 바꾸어 주도록 합니다.

---

* 밀라래빠(Milarepa, 1040~1123). 티베트 불교 까규 전통의 창시자이다. 밀라래빠의 수행 일화는 티베트 문화에서 가장 인기 있고 널리 알려져 있는 이야기이다. - 역자 주

　이런 자세로 앉을 때는 대부분 방석 위에 앉습니다. 높이와 모양, 크기가 다른 방석들로 시험해 보고 자기 몸에 딱 맞는 방석을 마련해야 합니다. 척추에 무리를 주지 않으려면 골반과 무릎 사이의 각도를 잘 조절해야 합니다.

　어떤 자세를 취하든 무릎이 위쪽으로 솟아오르지 않고, 무릎이 바닥 쪽을 향하도록 자세를 잡는 것이 중요합니다. 다리의 근육과 힘줄과 관절이 긴장되어 있으면 무릎이 위로 솟구치게 됩니다. 몸을 이완하여도 무릎이 바닥 쪽으로 내려가지 않는다면 허벅지와 무릎을 보조 방석으로 받쳐 주셔도 됩니다. 근육과 힘줄이 점차 이완되어 무릎을 좀 더 아래로 내릴 수 있게 되면 점점 더 작은 방석으로 받쳐 주면 됩니다.

무릎 꿇은 자세를 할 수도 있습니다. 무릎은 앞을 향하고, 종아리를 허벅지 아래에 집어넣고 발목 뒷부분으로 엉덩이를 받칩니다. 이 자세를 할 때는 무릎과 발목에 무리가 가지 않도록 조심해야 합니다. 작은 명상 의자를 엉덩이 아래 받치고 앉아 발목과 무릎에 가는 부담을 덜어 줄 수도 있습니다. 어떤 자세로 앉든 두 자세 모두 앞에 나온 연꽃 자세로 앉을 때처럼 상체는 곧게 폅니다.

명상 띠를 활용하여 자세를 잡을 수도 있습니다. 전통적인 형태의 명상 띠는 탄성이 있는 탄탄한 천으로 만듭니다. 자신의 체격과 지탱할 위치에 잘 맞추어 조절하여 사용하면 됩니다. 피부를 조르거나 피부 틈에 끼이지 않을 정도로 충분히 넓은 허리띠가 있다면 그것을 활용할 수도 있습니다. 허리띠를 허리 중간이나 아래쪽에서 무릎 앞까지 둘러 연결해 주면 됩니다. 또는 한쪽 어깨 부분과 반대편 무릎 아래로 허리띠를 두르는 방법도 있습니다.

똑바로 앉을 수 있는 단단한 재질로 된 의자를 활용할 수도 있습니다. 등받이에 기대고 싶은 유혹을 뿌리치고 몸을 양옆이나 앞뒤로 기울이지 않고 무게 중심을 엉덩이뼈 위에 둡니다. 발바닥 전체가 바닥에 잘 닿아 있게 하고 팔걸이가 있는 의자라면 팔걸이에 손을 얹어 두면 되고, 팔걸이가 없는 의자라면 무릎을 살짝 감싸듯이 하여 손을 무릎 위에 올려 둡니다.

손은 어떻게 하는 것이 좋을까요? 손의 기본자세는 두 가지입니다. 첫 번째는 어떤 자세로 앉든, 그 자세를 잡은 상태에서 무릎 위에 양손을 두되, 양손의 손바닥을 아래로 향하게 하여 무릎을 살짝 감싸듯 하여 손을 올려 둡니다. 이 자세는 몸 전체에 흐르는 에너지의 흐름을 이완시키는 작용을 하므로 마음이 과하게 들뜬 느낌이 들 때 유용합니다. 티베트 불교의 위대한 족첸 스승이자 수행자이신 롱첸빠(14세기 티베트에서 존경받았던 불교 스승이자 학자이며 명상 수행자인 롱첸 랍잠을 짧게 줄여 부르는 이름)*께서는 손으로 무릎 위를 살짝 감싸는 자세로 수행하셨다고 알려져 있습니다. 이 손 모양은 '마음의 본성 상태로 이완시키는

---

* 롱첸 랍잠(Longchen Rabjam, 1308~1364). 티베트 불교 닝마 전통의 가장 뛰어난 스승 가운데 한 분이다. '일곱 보물 창고'(한역: 칠보장, 七寶藏)를 통해 닝마 전통 가르침을 체계화하였으며 족첸 가르침에 대한 광범위한 저술을 남겼다. - 역자 주

수인*으로, 티베트어로 '쎔닝 알쏘(ষेষষ་ឈ្নд་нд་шৰ্শ)'라고 합니다.

두 번째는 양손의 손바닥을 위로 향하게 하여 왼손으로 오른손을 받쳐 양손을 겹치게 하고 양손의 엄지손가락을 살짝 맞닿게 한 다음 다리 위에 올려 두는 자세입니다. 이 자세는 몸에 열과 에너지를 더 많이 만들어 주기 때문에 멍해지거나 졸음이 올 때 활용할 수 있습니다. 이 자세는 상징성이 있는 자세이기도 한데, 지혜를 상징하는 왼손이 자비를 상징하는 오른손을 떠받치고 있는 자세입니다.

일반적으로, 우리가 명상 자세를 잡을 때는 비로자나 부처님의 일곱 가지 자세를 기본으로 삼습니다. 이 자세는 명상할 때 잡아야 할 자세의 지침이 됩니다.

다리를 두는 위치에 따라 자세의 기초를 잡고 나면 몸이 '똑바르게 앉아 있도록' 하여야 하는데, 조각상처럼 뻣뻣해지지 않도록, 똑바르지만 이완된 상태로 앉습니다. 몸이 한쪽으로 기울어져 있거나 푹 꺼져 있거나 앞쪽으로 너무 구부러져 있어도 안 됩니다. 이러한 지침을 따라 하면서도 이완되고 마음을 유연하게 하여 몸을 느슨하게 풀어 주도록 합니다.

'턱'은 살짝 안쪽으로 당기고 약간 아래로 향하게 합니다. 턱을 위로

---

* 수인(手印)은 부처님이나 보살 등의 깨달음의 내용이나 깨달음의 행위를 손으로 나타낸 모양이다. - 역자 주

치켜들고 있으면 더 쉽게 지칠 수 있습니다. '머리'는 머리 전체가 목보다 앞쪽으로 나가지 않게 합니다. '눈'은 떠도 되고 감아도 됩니다. 눈을 감으면 눈에 보이는 방해물들이 바로 없어져 마음만 볼 수 있습니다. 그러니 명상을 처음 시작하시는 분들이라면 처음에는 눈을 감는 것이 더 도움이 될 것입니다. 반면에 눈을 뜨고 있는 것을 좋아하는 분들도 있습니다. 명상 수행에 어느 정도 익숙해지고 나서 눈을 뜨고 명상하는 법을 익히는 것이 좋을 것입니다. 어쨌든 우리는 언제나 물질세계를 바라보고 있으니 이것들로부터 숨을 필요가 없습니다. 눈을 뜨고 명상하는 것은 명상에 방해되는 무언가를 보게 되더라도 그것을 피하는 대신 거기에 익숙해지고 그것들과 함께 쉬어야 한다는 뜻이기도 합니다. 이는 우리가 나중에 배우게 될 족첸 전통의 일부입니다. 열린 태도를 유지하고자 하는 것입니다.

시선은 코끝으로 향하게 하여 그 방향의 앞쪽 60~90센티미터 정도 되는 지점에 둡니다. 시선을 살짝 아래로 두면 산란함이 줄어들고 마음이 진정됩니다. 하지만 항상 아래쪽을 보아야 하는 것은 아닙니다. 예를 들어, 바다나 숲이나 산이 가까이 있다면 자연과 연결되고 싶을 것입니다. 그럴 때는 이따금 시선을 더 멀리 바깥으로 향하게 하여 그 모든 광활함의 에너지와 연결되는 것이 매우 중요합니다. 더 나아가, 자신의 기분이나 에너지 상태에 따라 시선을 조정할 수도 있습니다. 마음이 매우 편안하고 고요하여 졸음이 올 때는 시선을 들어 위쪽을 바라볼 수도 있습니다. 하지만 마음이 매우 활기차고 많은 생각들이 나타나 날뛰고 있다면, 시선을 약간 아래로 향하게 하면 도움이 될 것입니다.

'어깨'는 멍에* 모양으로 자세를 잡습니다. 자신의 목에 멍에가 걸려

---

* 멍에는 수레나 쟁기를 끌기 위하여 말이나 소의 목에 얹는 구부러진 막대이다. - 역자 주

있다고 생각해 보면, 멍에의 양쪽 끝이 아래쪽으로 처져 있을 것입니다. 어깨는 긴장되어 있지 않고 멍에처럼 양 끝이 부드럽게 아래로 내려가는 자연스러운 자세로 이완되어 있어야 합니다. '두 팔'은 편안하게 내리고, 앞에서 언급한 두 가지 손 자세 가운데 하나를 택합니다. '혀'를 앞니의 바로 뒤쪽 입천장에 살짝 닿도록 놓으면 침이 너무 많이 흐르거나 입이 마르거나 주의가 산란해지는 것을 막아 줍니다.

다시 살펴보자면, 일곱 가지 자세란, ① 다리를 겹쳐서 바닥에 앉고, ② 등은 똑바로 세우되 이완시키고, ③ 턱은 살짝 안쪽으로 당기고, ④ 시선은 살짝 아래로 두고, ⑤ 어깨는 멍에 모양으로 하고, ⑥ 팔은 평형을 이루도록 하고, ⑦ 혀는 입천장에 붙이는 것입니다. (이 자세들에는 여러 변형도 있습니다.)

바닥에 앉는 이런저런 자세가 모두 어렵다면, 벽을 지지대로 삼아 앉아 보세요. 바닥에 앉아 있기가 너무나 어렵고 몸이 너무 심하게 아프면 의자에 앉아도 됩니다.

몸에 대해 명상하기

자신에게 편안한 자세를 찾고, 그 자세로 긴장을 풀면서 이 명상의 첫걸음을 내디뎠습니다. 이제 그저 몸 전체를 느끼면서 모든 감각에 집중하며 그대로 앉아 있어 봅니다. 편안하게 진정시켜 주는 느낌이 드는 샤워를 할 때 어땠는지 떠올려 보세요. 피부에 닿는 부드러운 물줄기, 따뜻한 물 온도, 물소리……. 편안하고 기분 좋은 느낌들입니다. 몸에 대한 명상도 이와 비슷합니다. 몸을 명상 상태와 연결할 때는 몸과 마음의 본성 전체를 어우러지게 하면서 몸을 '읽습니다'. 몸과 마음의 정수가 하나임을 느껴 보세요. 몸과 마음이 하나임을 느껴 보세요. 분리되어 있지 않습니다. 이 첫 번째 명상에서 가장 중요한 것은 몸과 마음이 하나임을 인식하는 것입니다. 그렇게 되면 편안하게 쉬면서 생기는, 맥과 바람과 에너지의 상호 작용으로 생겨난 몸 안의 에너지 순환을 느끼게 되고 이에 대해 감사하다고 느끼기 시작할 것입니다.

명상하는 동안에는 바쁠 일이 없습니다. 얼마든지 쉴 수 있습니다. 열려 있도록, 몸과 연결되도록 해 보세요. 쉬면 쉴수록, 몸이 마음이고 마음이 몸인 것을 알게 됩니다. 조화롭게 연결된 그곳에서 쉬도록 해 보세요. 몸과 깊이 연결되었다면, 이미 명상하고 있는 것입니다. 마음은 더 이상 산란하지 않고 몸과 하나가 되어 있습니다. 정신적인 산란함에서 벗어나 쉼으로써 몸과 마음 사이의 구분을 없앱니다. 이것이 바로 마음을 하나로 모으는 명상인 사마디(samādhi)*입니다.

뭔가를 기대하거나 너무 몰아붙이지 마세요. 그저 쉬도록 합니다. 몸과 마음을 연결시켜 줍니다. 너무 밀고 당기거나 따지고 들면 평소에 우리 마음이 투사하는 것 가운데 하나가 떠오르게 되고 마음은 명상의 특별한 품성을 느끼지 못합니다. 또한, 망상과 졸음에 빠지는 다른 극단으로도 가지 마세요. 망상이나 졸음에 빠지게 되면, 자세를 바꾸거나 몸을 움직여 스스로 환기하거나 먼 곳을 바라보세요. 아니면 자리에서 일어나 움직이거나 물을 한 잔 마실 수도 있습니다.

이 명상에는 분석적인 면도 있습니다. 몸 전체를 구석구석 훑어 아픈 곳이나 긴장된 곳이 있는지 확인해 보세요. "내 팔은 어떻지? 괜찮은가? 내 발목, 등, 목……. 다른 부분은 또 어떻지?" 스스로 물어보고 살펴봅니다. 그러다 좀 긴장된 곳이 있으면 왜 이렇게 긴장하게 되었는지 스스

---

* 사마디는 비이원적 의식이다. 주체와 객체 사이에 분리됨이 없는, 하나인 상태를 뜻한다.

로에게 물어보세요. 몸의 긴장된 부분이 왜 그렇게 되었는지 이해했다면 쉽게 하여 긴장을 풀어 줍니다.

통증이 심한 지병이 있거나 관절에 문제가 있는 경우, 아픈 부위에 마음을 모으지 말고 마음을 쉬게 해 보세요. 아픈 부위에 집중하는 대신 몸 전체를 바라보고, 아픈 부위에 집중하려는 생각에 끌려가지 말고 마음을 온전히 쉬도록 해 보세요. 강한 불빛을 쏘아 좁은 부위를 밝게 비추는 손전등을 사용하지 말고, 부드럽게 퍼지는 불빛으로 더 넓게 밝히는 손전등을 사용해 보세요. 그런 방식으로 몸에 대해 점점 더 알아 가면서 열어 가는 것입니다. 마음도 빛과 같아서, 열린 마음은 부드럽고 넓게 비추는 빛처럼 몸 전체를 느슨하게 해 줍니다. 이는 통증을 사라지게 하는 데 도움이 됩니다.

마음이 쉬고 있을 때, 명상은 정말 좋은 치유가 될 수 있습니다. 몸에 대한 명상이 아주 중요한 또 다른 이유입니다. 에너지가 원활하게 흐르지 못하고 막혀 있는 곳이 있는지 살펴보세요. 그리고 걱정하거나 두려워하거나 자신을 판단하지 마세요. 그보다는 자신에게 친절해지세요. 쉬고, 이완하고, 열고, 숨을 편히 쉬어 봅니다. 매 순간이 새로워질 수 있는 기회입니다. 나의 과거나 오래된 지난 이야기에 연연할 필요가 없습니다. 그런 것들은 긴장감만 만들어 냅니다. 그러니 우리는 지난 일을 들추어내거나 미래를 걱정하는 버릇을 버려야 합니다. 우리는 바쁘게 붐비는 고속도로 위를 달리고 있는 것이 아닙니다. 명상은 마음이 해방될 수 있는 안전한 공간입니다. 이런 자유로움은 특별한 에너지와 특별한 경험을 불러오고, 이렇게 하여 우리는 마음의 진정한 본성과 만날 수 있게 됩니다. 이것이 바로 우리가 명상하는 이유입니다.

결국, 몸의 감각을 깊이 탐구하면 할수록 마음과 몸이 하나로 어우러지고, 마음은 이런 감각들의 본성을 깊이 이해하게 될 것입니다. 다른 유형의 명상법에 도움이 될 방법을 배우고 역량을 키워 나갈 것입니다. 몸은 열려 있는 것에 점점 익숙해지게 되고, 편안하게 명상에 들 준비를 하게 될 것입니다.

수행 지침

'옴', '아', '훙' 세 글자를 염송하며 명상을 시작합니다. '옴'은 몸에 해당하며, 우리를 몸과 몸의 맥과 몸의 에너지와 연결해 주고, 명상하도록 몸을 열어 줍니다. '아'는 말과 연결되어 있으며, 강박적인 생각들로 이어질 수 있는 내면의 잡담을 고요하게 만들어 줍니다. 마음속에서 이어지는 이야기인 생각들을 따라갈 필요가 없습니다. 습관적으로 반복하는 양상에서 벗어나 쉴 수 있게 되고, 그런 생각들에 엮이지 않게 됩니다. '훙'은 깊은 마음입니다. 앞에서 언급했듯이 '깊은 마음'은 '정신', '지혜의 깊은 마음', '깨어 있는 상태', '본래 인식'과 같은 말입니다. 다른 말로는 '궁극적인 알아차림의 상태'라고도 합니다. 이 깊은 마음은 가슴 차크라(cakra)의 중앙에 있기 때문에 '가슴'이라고 불리기도 합니다. 단순히 '마음'이라고 불릴 때도 있지만, 이는 뇌 차원이 아닌 정신적인 차원을 이야기하는 것입니다. 영감을 받고 행복하세요.

각 음절은 내쉬는 숨이 자연스럽게 끝날 때까지 한 음으로 길게 이어 소리 냅니다.

명상이나 어떤 일을 할 때는 몸과 말과 마음 셋이 서로 연결되는 것이 중요합니다. 예를 들어, 우리가 말을 할 때는 깊은 마음 차원의 의식과 연결되어야 하고, 이렇게 연결된 말과 의식이 감정과 연결되어야 비로소 말로 조화롭게 표현할 수 있습니다. 몸과 말과 마음을 한곳으로 가져와 어떤 활동도, 애씀도 없이 편안하게 쉬게 하세요. 이런 쉼을 이루는 비결은 몸과 말과 마음이 제각각 이 순간에 오롯이 머무르는 것입니다.

마음이 산란해져서 공상 속에서 방황하고 있음을 알아차렸을 때도 문제 삼지 않습니다. 그저 돌아오도록 합니다. 마음이 방황할 때도 너무 걱정하지 말고 천천히 조심스럽게 마음을 가라앉힙니다. 이 순간에 집중하도록 천천히 부드럽게 되돌려 놓습니다.

눈은 떠도 되고, 감아도 되고, 떴다 감았다 편한 대로 하면 됩니다. 눈을 뜨고 있든 감고 있든, 시각(이나 다른 감각)으로 무엇을 느끼든 모두 명상 환경으로 삼도록 합니다. 일반적으로 '방해 요소'(전화기 울리는 소리, 사람이 크게 떠드는 소리, 교통소음 등)라고 하는 것과 고요하고 쉬는 마음을 구분 지어 보면, '방해 요소'라고 하는 것은 사실 우리의 짜증과 내적인 긴장입니다. 이런 일들이 생길 때야말로 이 현상을 명상과 하나로 만들 좋은 기회가 됩니다. 이에 익숙해질수록 바쁜 일상에서도 고요하게 머물며 중심을 유지할 수 있습니다. 윤회 세계를 멈추고 그 모든 것을 차단할 길은 없습니다. 예를 들어, 저도 사람들과 함께하는 명상 시간이나 법문 시간에 휴대 전화를 꺼 달라고 부탁은 하지만 강요하지는 않습니다. 휴대 전화가 울리면 그 '방해 요소'를 명상의 일부로 만드는 기회로 삼을 수 있습니다.

명상을 한 번 할 때 길게 하려고 하지 않아도 됩니다. 명상은 폭포 같습니다. 한 덩어리로 보이지만 사실은 무수한 물방울이 모여 만들어진 것입니다. 언제든 멈췄다가 새로 시작할 수 있습니다.

(명상 전이나 명상 중에 아래 도움말을 보시면 좋은 명상 분위기를 만드는 데 도움이 될 것입니다.)

- 모든 긴장과 생각을 쉬세요.
- 몸의 본성을 느끼도록 열려 있으세요.
- 몸과 몸의 에너지를 깊이 경험하세요.
- 자연스럽게 흐르는 몸의 에너지를 기뻐하며 느껴 보세요.
- 바로 지금 압박감과 긴장과 망설임을 놓아 주세요. 그저 쉬고 느슨해지세요.
- 너무 긴장해서 집중하거나 너무 풀어지지도 마세요. 그저 쉬어 봅니다.
- 느슨하고 편안하게 몸과 연결되세요.
- 몸을 느끼고 깊이 연결되어 보세요. 밀어붙이지 말고 그저 몸과 연결되어 보세요.
- 서두르지 마세요. 완전히 쉬는 상태에 머무르세요.

질문과 답

Q 마음이 몸과 하나 되면 어떤 느낌인가요? 몸이 전체적으로 하나로 느껴지
  나요? 아니면 다양한 순간에 몸의 여러 부분에서 다양한 감각을 느끼는
  건가요?

A 나누어진 부분 부분으로 느끼기보다는 쉬는 마음 안에서 몸 전체의 감각
  을 느낍니다.

Q 마음과 몸이 하나 되면 생각이 완전히 멈추는 건가요?

A 아니요. 생각이 완전히 멈추는 것이 아니라 생각하는 마음이 점점 더 미세
  한 단계에 이르게 됩니다. 그러면 더 이상 몸과 마음이 분리되었다는 느낌
  이 들지 않게 됩니다. 이것을 '하나 됨'이라고 합니다.

Q '옴', '아', '훙' 음절을 염송할 때 머리, 목, 가슴에서 뭔가가 느껴지나요?

A 그렇습니다. 이 세 음절은 아주 유용하며 굉장히 깊은 의미가 있습니다. 그
  렇지만 지금은 너무 자세히 다루지 않겠습니다. 세 음절을 사용하여 몸과
  말과 마음의 균형을 잡습니다. 명상하시는 분들은 보통 명상에서 마음이 중
  요하다고 생각하지, 몸과 말에 대해서는 별로 생각하지 않습니다. "옴"이라
  고 소리 낼 때는 깨달은 에너지의 소리를 느끼게 되고, 몸이 깨어 있고 차분
  한 상태가 되도록 만들어 줍니다.(물리적으로 말하자면 '옴'은 머리 안팎으
  로 머리 전체에 퍼지는 둥그런 에너지체입니다. 둥그런 에너지체는 정수리
  차크라 또는 에너지 중심과 관련이 있습니다.) 몸의 긴장을 풀어 줍니다. 몸
  을 쉬게 하고 이완시켜 깨달은 존재들의 지혜의 몸과 연결되게 합니다.

"아"라고 소리 낼 때는 우리의 말을 차분하고 명료하게 해 주는, 깨달은 에너지의 말소리를 생각하세요. 즉, 내면의 잡담이 별로 없는 상태가 되는 겁니다. 떠드는 마음이 가라앉고 더 열린 고요함을 느낍니다. 깨달은 존재들의 지혜의 말과 연결됩니다.

"훙"이라고 소리 낼 때는 깊은 마음이 열리고 차분해지는 것을 느끼게 될 것입니다. 모든 종류의 자아 집착을 풀려 주세요. 고착에서 풀려나 쉬고 있는 마음의 본성을 느껴 보세요. 힘이 센 생각에 간섭받지 않으면서 우리 마음의 본성과 깊이 연결되어 깨달은 존재들의 마음을 느껴 보세요.

세 음절에는 각각의 색이 있습니다. 옴은 흰색, 아는 붉은색, 훙은 푸른색이며, 이 색상들은 에너지이기도 합니다.

Q   다리를 접고 바닥에 오래 앉아 있으면 무릎과 엉덩이가 뻣뻣해지는 느낌입니다. 요가가 경직된 관절에 도움이 될 거라고 하셨는데, 달리기 선수들이나 운동선수들이 경기 전에 하는 몸풀기와 스트레칭도 도움이 될까요? 명상을 위해서 몸을 잘 유지해야 하나요?

A   네, 명상하기 전에 몸을 풀어 주어야 하는 이유는 최소 두 가지가 있습니다. 몸이 많이 졸릴 때는 명상 자세로 앉을 에너지가 없을 수도 있습니다. 그럴 때는 앉기 전에 몸에 활력을 주어야 합니다. 달리기나 다른 운동으로 몸을 풀어 활력을 줄 수 있습니다. 다른 경우는, 움직임이 부족해 몸에 아픈 곳이 있거나 긴장되어 있을 때입니다. 이때도 앉기 전에 긴장을 풀어 주어야 합니다. 몸을 움직이거나 스트레칭을 하는 것도 아주 좋습니다. 몸과 마음이 충분히 쉰 상태라면 이런 준비 동작 없이 명상을 시작하여도 괜찮습니다.

고요히 머무는 명상

고요히 머무름은 티베트어로 '시내(ﾞ閃ﾞﾞﾞﾞ)'라고 합니다. '시'는 '평화'라는 뜻이고, '내'는 '머무른다'는 뜻이며, '미세한'이라는 뜻도 있습니다. 산스크리트어로는 샤마타(śamatha)라고 합니다. 힌두교, 수피교, 도교, 기독교뿐 아니라 다양한 불교 전통을 포함한 거의 모든 명상 전통에 샤마타 명상이 있습니다.

지금까지는 쉬는 법과 몸과 연결되는 법을 배웠습니다. 이제부터는 마음과 인식을 탐구하기 시작할 것입니다. 고요히 머무는 명상은 궁극적으로 마음이 아주 깊은 차원에까지 집중하게 하는 명상입니다. 그러려면 그에 맞는 방법과 연습이 필요합니다. 왜 그럴까요? 평소 우리의 마음이 어떤가요? 안정적이고 집중된 상태인가요? 아니면 산란하고 불안한 상태인가요?

불교에서는 길들여지지 않은 마음을 원숭이, 야생 코끼리, 곰, 야생마에 비유해 왔습니다. 우리 마음은 원숭이처럼 재빠르고 힘이 있지만, 아무 곳으로나 날뜁니다. 어떤 상황에서는 이것이 유용할 때도 있습니다. 마음의 이런 특성 덕분에 중요한 일을 할 때 오랫동안 열심히 할 수 있습니다. 여러 가지 일을 동시에 처리할 때를 떠올려 보세요. 하지만 많은 경우에, 특히 명상할 때, 이 모든 날뜀은 아무런 의미도 없으며 우리를 지치게 합니다.

때로 하나의 대상이나 활동에 집중하려고 노력하지만, 마음은 강에서 물고기를 사냥하는 곰처럼 되어 버리곤 합니다. 굶주린 곰은 물속에 있는 물고기를 보고 잔뜩 흥분하여 손을 뻗어 한 마리를 강둑으로 낚아 올립니다. 하지만 그때 물속에 더 많은 물고기가 있는 것을 보게 되고 계속해서 다른 물고기를 낚아 올립니다. 그러는 동안 먼저 잡았던 물고기들이 다시 강으로 미끄러져 들어갑니다. 그러다 곰은 결국 물고기가 모두 없어졌음을 알게 됩니다. 이 곰처럼, 정신적인 흥분은 진정으로 고요해지고 집중하고자 하는 우리의 바람을 결국에는 좌절시키는 피상적인 집중만 만들어 냅니다.

특히나 21세기에 사는 우리는 아주 바쁜 삶을 살고 있기 때문에 마음은 바쁘고, 무언가에 몰두하고 있고, 아주 바쁘게 활동하는 습관이 들어 있습니다. 하지만 스스로에게 한번 물어보세요. "내 마음은 이런 상태로밖에 있지 못하나?" 더 나아가, "이런 마음이 내 마음의 참된 본성인가?" 하고요. 그에 대한 답은 "그렇지 않다."입니다. 명상 수행으로 마음이 고요함과 연결되는 것이 이 사실을 증명해 줍니다. 고요히 머무는 명상에서 중요한 것은 분주함을 고요함으로, 혼란스러움을 명징함으로 바꾸는 것입니다. 그렇게 하기 위해서는 훈련이 필요합니다. 야생 코끼리나 야생마를 길들여 얌전하게 만드는 것과 같습니다. 샨티데바의 저서 『보살의 행에 들어감』에 이런 내용이 있습니다. "알아차림의 밧줄로 마음의 코끼리를 단단하게 묶어 두면 모든 두려움이 사라지고 모든 선업이 가까워질 것이다."*

하지만 가만히 앉아서 평화로워지고 싶어 하기만 하면 마음이 협조하지 않는다는 것을 곧 알게 됩니다. 말썽꾸러기 아이 같은 마음은 "아무것도 생각하지 마!"라든가 "얌전히 있어!" 같은 명령은 듣지 않을 겁니다. 모두 경험해 봐서 알겠지만, 아이는 뾰로통하게 "알겠어요."라고 대답만 하고 곧이어 "하지 마!"라는 말이 나올 다른 행동을 되풀이할 것입니다. 그러면 부모는 더 강압적으로 행동하게 되겠지만, 그건 아이를 더 자극하고 반항하게 만들 뿐입니다. 아이를 잘 다루는 부모처럼 우리도 더 섬세한 방법을 써야 합니다. 마음을 고요하게 만들기 위해, 먼저 대상에 집중하는 것으로 시작합니다. 그렇게 함으로써 산란한 생각이 줄

---

* 샨티데바, 『보살의 행에 들어감(入菩理行論, Bodhisattvacaryāvatāra)』 제5품 3번 게송.

어들게 됩니다.

고요히 머무는 수행을 할 때는 무엇이 고요해져야 할까요? 먼저, 첫 번째 명상에서 배운 대로 몸이 고요해져야 합니다. 그리고 마음이 고요해져야 합니다. 한 가지 대상에 집중함으로써 정신적 환경이 고요해지면 마음이 고요해집니다. 이렇게 되면, 마음은 집중과 고요 안에 머물게 됩니다. 이 두 번째 단계에서는 처음에 마음을 고요하게 하기 위해 활용한 대상 대신, 고요함 자체가 명상의 대상이 됩니다. 몸을 고요하게 만드는 것은 그다지 어렵지 않지만, 마음을 고요하게 하는 것은 꽤나 어렵습니다. 마음이 고요한 상태에 전혀 익숙하지 않기 때문입니다.

마음을 고요하게 만드는 과정은 야생마를 길들이는 과정과 비슷합니다. 훈련받지 않은 야생마는 명령도 듣지 않고, 자주 돌발 행동을 합니다. 뛰쳐나가거나 공격하거나 땅에 발을 굴러 먼지를 일으키고 시끄러운 소리를 냅니다. 야생 상태의 말은 두 다리로 자기 주변을 걸어 다니는 사람을 보는 것에도, 몸에 줄이 둘러 묶이는 것에도, 마구간에서 평화롭고 순종적인 태도로 지내는 것에도 익숙하지 않습니다. 말에게는 자유롭게 지내 온 습성이 있어서 보통 제 가고 싶은 곳으로 가고, 제 마음대로 행동합니다. 훈련이 시작되면 말은 긴장하고 두려워합니다. 그렇지만 훌륭한 조련사는 인내심을 가지고, 말이 차분해지고 순종적으로 변할 때까지 차근차근 가르칩니다. 이렇게 하면 더 행복하고 평화롭게 사람들과 좋은 관계를 만들어 갈 수 있기 때문에 말에게도 좋은 일이고, 친근하고 유용하며 길들여진 말을 갖게 되기 때문에 말 주인에게도 좋은 일입니다.

우리의 마음도 야생마처럼 낯선 것을 두려워하고, 쉽게 겁먹습니다. 우리는 깊은 집중에 저절로 열리지 못합니다. 집중하지 못하면 우리 내면의 마음이든 바깥세상이든 그 어떤 것도 깊게 꿰뚫어 볼 수 없습니다.

익숙하고 편안한 표면에만 머물게 됩니다. 고요히 머무는 명상은 이런 경향을 바꾸는 훈련으로 시작합니다. 잘 길들여진 말은, 사람과 지내는 것에 익숙해지고 나면 우정을 쌓아 갑니다. 누군가 찾아오면 말은 달콤한 선물을 받으리라고 기대하고, 자신이 안전하고 행복하다고 느끼며, 울타리도 필요 없어집니다. 고요히 머무는 명상으로 갖게 된 편안한 집중도 마찬가지로 우리를 행복하고 자유롭게 해 줍니다.

마음의 본성에 깊이 집중하기

고요히 머무는 명상으로 우리는 고요해지고 집중하는 훈련을 할 수 있습니다. 이는 명상과 일상생활 모두에 아주 유용합니다. 그리고 고요하고 집중된 상태는 이것을 훨씬 더 넘어선, 깊은 마음의 진정한 본성을 경험하게 해 줍니다. 깊은 마음의 본성은 평화입니다. 하지만 우리 모두가 가지고 있는 이 맑고 아름다운 달 같은 깊은 마음은, 생각이라는 윤회의 구름에 가려 있습니다. 생각이 얽히고설키는 것은 마치 본문의 내용을 주제와 하위 주제로 이어서 나열하는 목차와 비슷합니다. 각 주제가 작은 주제로 이어지고 다른 주제로 끝없이 계속 이어집니다. 바로 이것이 길들여지지 않은 마음이 작동하는 일반적인 방식입니다. 이런 습관이 사람의 본성이라고 생각할 수도 있겠지만, 사람의 본성은 그보다 훨씬 깊은 것입니다. 명상은 이런 혼란으로부터 떠나 깊은 마음으로 가는 특별한 휴가가 되어 줄 것입니다.

산란해져 있지 않고 완전히 쉬고 있는 상태, 그것이 우리의 참된 본성입니다. 아주 단순하면서도 심오합니다. 이곳에서 우리는 광활하면서도 모든 것을 포함하는 알아차림의 아주 미세한 차원에 다다르게 됩니다. 바로 그곳에서 우리가 누구인지 있는 그대로 볼 수 있게 됩니다. 고요함의 결과가 명징함이라는 것을 경험합니다. 명상 수행을 통해 마음을 깊이 느끼게 되면, 심오한 명징함, 우리의 깨달은 본성에 이르게 됩니다. 불교의 모든 가르침은 이 심오한 명징함에 대해 알려 주고, 이것을 일상에 적용하는 법을 알려 줍니다. 우리가 산란한 상태이거나 방해받을 때면 이것을 보거나 느끼기 어렵습니다. 온화함과 쉼과 더불어 있을 때, 마음의 원래 상태에 이를 자유가 생깁니다.

대상에 집중하기

몸과 마음을 한곳으로 모으는 첫 번째 명상에서 이미 대상에 집중하는 과정을 시작했습니다. 몸에 주의를 두도록 마음을 가르쳤습니다. 그 첫 번째 명상이 이 두 번째 명상과 어우러져 우리를 도울 것입니다. 이번 명상은 대상을 정해 조금 더 좁게 집중하며 시작하지만, 몸과 연결된 것을 잊을 정도로 팽팽하게 집중하지는 않습니다. 몸을 배경으로 삼아 계속하여 부드럽게 집중하도록 합니다.

집중하는 수행에는 정밀하게 나뉜 단계에 맞춰 정확하게 단계별로 나아가는 수행 방식도 있습니다. 그러나 현대인들은 일상 활동에서 그렇게 순차적으로 접근하는 방식이 이미 습관이 되어 있기 때문에 그런 방식으로 하면, 명상을 평소에 하는 다른 업무처럼 어느 정도 긴장된 상태로 참여하기 마련인 그런 일로 여기게 될 위험이 있습니다. 명상을 평소에 하는 보통의 할 일처럼 여기지 않도록 주의해야 합니다. 이는 쉽게 저지를 수 있는 실수입니다. 그런 방식으로 접근해서는 쉼이라는 명상의 특별한 품성을 발전시키지 못할 것입니다. 이러한 좀 더 경직된 방식의 집중은 수행에 도움이 되기보다는 주의를 산란하게 만드는, 기대하는 마음을 일으킬 수도 있습니다.

그러니 너무 좁고 강압적인 방식으로 주목하거나 집중하지 않도록 조심해야 합니다. 학교에서 공부할 때나 시험 볼 때 선생님들이 "똑바로 봐!" "집중해!"라고 하며 다그치기도 합니다. 보통 이럴 때는 눈썹을 찡그리며 눈을 가늘게 뜨고, 모든 산란함을 차단하여 지금 하고 있는 일에만 집중하라는 뜻입니다. 여기에는 굉장한 분별심이 있습니다. 비판적이고 다소 공격적인 이런 방식의 집중은 생각을 받아들이거나 거부합니다. 하지만 우리는 반대로 해 보려고 합니다. '열린 집중'을 해 볼 것입니다.

집중하는 대상은 내면의 이미지나 바깥의 무언가가 될 수 있습니다. 예를 들어, 꽃에 집중할 때는 꽃을 상상할 수도 있고 앞에 진짜 꽃을 두고 바라볼 수도 있습니다. 대상을 고를 때는 오래 보면 지루해지거나 불편해지는 대상보다 그 자체가 아름답거나 어떤 상징성이 있어 명상에 영감을 주는 대상을 고르는 것이 중요합니다. 불교에서는 부처님이나 타라(Tārā)*와 같은 본존의 그림이나 조각상을 좋은 대상으로 여깁니다. 가피와 연결시켜 주는 대상이기 때문입니다. 이런 대상들은 불자들에게 의미가 있으므로 영감을 줍니다. 특정 종교의 수행을 하는 분이든 아니든 각자가 좋다고 느끼는 대상으로 정하도록 하세요. 자연환경도 좋습니다. 바다, 산, 숲, 하늘 등에 집중하는 것도 많은 영감을 줄 수 있습니다.

숨쉬기나 알아차림 자체도 집중의 대상이 될 수 있습니다. 예를 들어, 숨쉬기에 집중한다면 숨을 길게 쉬면서 숨이 들어오고 나가는 소리에

---

* 타라는 관세음보살의 눈물에서 화현한 여성형 본존으로, 자비와 깨달은 행(보살행)을 의미한다. 다양한 형태의 타라 중 유명한 타라는 중생의 소원을 성취하게 해 주는 녹색 타라와 병을 치유하고 장수를 이루어 주는 백색 타라이다. - 역자 주

집중해 봅니다. (호흡 명상은 마음이 흥분된 상태일 때 특히나 유용합니다.) 마음을 열고 주의를 기울여 숨을 관찰합니다. 콧구멍으로 공기가 들어오는 것도 느껴 보고, 배가 부풀어 오르고 가라앉는 것 같은 다른 감각도 느껴 봅니다. (추운 장소에 있다면 따뜻한 숨으로 생기는 입김을 보면서 할 수도 있습니다.)

물론 우리는 언제나 무언가를 보고 있습니다. 그렇지만 보고 있는 대상에 그다지 연결되어 있지도 않고, 집중하여 보고 있지도 않습니다. 고요히 머무는 명상에서는 마음을 대상에 충분히 길게, 충분히 깊게 연결하여 진정한 집중을 찾고자 합니다. 우리가 원하는 집중은 '마음을 하나로 모으는 명상'(산스크리트어: 사마디, 디야나(dhyāna))입니다. '마음을 하나로 모은다'는 것은 우리가 대상과 하나 되어, 어떤 것으로도 마음이 산란해지지 않음을 뜻합니다. 예를 들어, 꽃에 집중한다면 꽃의 모양, 색, 아름다움, 종류 등 눈으로 보고 있는 특징을 묘사하는 데 집중하지 않습니다. 그렇게 꽃을 탐구하거나 분석하는 것은 생각하는 과정이거나 대상으로 인해 생기는 산란함일 뿐입니다. 그보다는 조용하고 쉬는 마음으로 대상의 색과 모양을 그저 바라봅니다. 그러다 보면 마음과 대상 사이에 어떤 구분도 없어지고 하나가 됩니다. 우리는 이 과정에서 일어나는 자연스러운 에너지를 경험하게 되고, 이 에너지는 명상에 활력을 줍니다. (파드마삼바바께서 말씀하셨습니다. "현상을 탐구하지 말라. 마음을 탐구하라. 마음을 탐구하면 모든 것을 해결할 수 있는 한 가지를 알게 될 것이다. 마음을 탐구하지 않는다면 모든 것을 알더라도 영원히 하나에 묶이게 될 것이다.")[*]

이 명상법에서는 '심각한' 태도보다 활기찬 태도를 갖는 것이 중요합

---

[*] Adam Pearcey(2008), 『어록 전서(A Compendium of Quotations)』 6th ed., Lotsawa School, 72쪽.

니다. 아름답거나 의미 있거나 영적인 가피를 주는 대상에 집중하여 생기는 영감은 우리를 행복하게 합니다. 그 행복은 더 많은 영감을 주고, 더 열리게 하고, 열린 집중을 하게 합니다. 우리는 작은 영역에 집중하여 대상에 갇히기보다는 광활함으로 열려 있고자 합니다. 이는 명상하는 동안 어떤 소리가 들리거나 무언가 느껴지더라도 막지 않고 허용한다는 뜻입니다. 그저 있는 그대로 두도록 합니다. 집중하지만, 좁게 비추는 빛줄기가 아닙니다.

먼저, 마음을 집중하는 대상으로 계속하여 되돌려 놓음으로써 마음을 생각에서 빼내는 부드러운 노력으로 시작합니다. 마음이 대상과 연결되면 그 상태를 유지합니다. 얼마 동안 산란해지지 않고 그 상태로 있을 수 있나 지켜봅니다. 그 흐름에 들어가면, 멈출 필요가 없습니다. 바로 그 고요함과 쉼의 느낌이 집중의 대상이 됩니다. 쉬고 있는 느낌, 쉬고 있는 상태를 경험해야 합니다. 마음과 영감과 온몸으로, 모든 것이 쉬는 상태인 쉼의 본성을 느끼도록 가만히 두면, 우리가 익숙해져 있던 것과는 전혀 다른 매우 특별한 주의 집중이 떠오릅니다. 우리의 주된 의도는 떠오르는 모든 생각들을 판단하게 만드는 평소의 완벽주의적인 습관을 따르는 대신 쉬는 것입니다. 360도로 자유롭게 열린 시야가 필요합니다. 쉼을 즐기고 관찰하고 쉼의 목격자가 되는 것, 그것이 바로 명상입니다.

그리고 애쓰지 않습니다. 편안한 집중 상태가 폭포처럼 계속 흐르도록 놓아둡니다. 폭포는 수많은 물방울이 모여 이루어져 있지만, 우리는 물방울 하나하나에 신경 쓰지 않습니다. 그처럼 생각과 감정, 떠오르는 이미지 같은 것을 움켜쥐지 않고 흐름에만 주목합니다. 생각이 나타나면 주의 집중을 막거나 좁게 집중하는 대신, 그 반대로 넓디넓게 열린 상태에 머무릅니다. 생각을 움켜쥐지 않음으로써 생각에 휩쓸리지 않게 됩니다. 생각들은 자연스럽게 지나가고 우리는 집중에 머무릅니다. 이 수행에 익숙해질수록 점점 노력을 덜 해도 됩니다.

숨에 집중하는 명상으로 예를 들어 보자면, 명상하면서 마음을 하나로 모으기 위해서는 마음이 들숨과 날숨에 계속 연결되어 있는 것이 중요합니다. 마음과 숨 사이에 어떤 틈도 없습니다. 마음과 숨이 그저 함께 흐릅니다. 이러한 것에서 마음은 영감을 받고, 집중은 더욱더 정교해지고 강력해집니다. 또한, 자신의 숨소리와 이 단계의 에너지는 마음이 편안해지고 고요해지게 돕습니다.

마음이 고요하고 쉬고 편안해져 평화로움을 느끼기 시작하면, 그것이 바로 고요히 머무는 명상입니다. 기본적으로 생각을 비롯해 어떤 대상에 집중하더라도 이 과정은 똑같습니다. 뭔가 복잡하고 먼 것에 집중하기보다는, 익숙한 것으로 들어가 익숙한 생각들이 자연스럽게 일어나고 사라지도록 두며, 그 속에서 조화와 평화를 찾아보세요. 마침내 이따금 생각이 일어나더라도 더 이상 산란해지지 않을 것입니다.

명상 중에 생각이 떠오르는 까닭은 마음에 에너지가 있기 때문입니다. 생각은 마음의 자연스러운 표현입니다. 생각이 떠올라도 그로 인해 산란해지지 않고 생각들과 함께 쉰다면, 생각은 명상에 에너지를 주며 자연스럽게 명상을 돕게 될 것입니다. 그러니 생각들을 그저 있는 그대로 두고 함께 쉬도록 하세요. 생각에 사로잡히지 마세요. 현재에 머무르세요. 이렇게 하는 것이 처음에는 좀 힘들긴 합니다만, 우리는 생각과 함께 있으면서 더 지혜로워져야 하고, 더 깨어 있어야 합니다. 이렇게 알아차림으로써 더 이상 생각에 휩싸이지 않습니다. 우리가 있는 바로 그 자리에 머무를 수 있습니다. 이것이 차이입니다. 이것을 '마음 챙김'이라고 합니다. 이런 알아차림은 걱정이나 염려가 아닙니다. 그저 마음이 쉬면서, 열린 채로 현재라는 파도를 타게 해 주는 겁니다. 그러면 마음의 본성을 명확히 바라보고 알 수 있게 됩니다. 생각에 대한 이러한 알아차림은 마침내 우리를 더 깊은 곳으로 이끌어 줄 미세함을 가져다줄 것입니다.

우리의 목표가 생각을 없애서 생각이 없는 텅 빈 상태에 도달하는 것이 아니라는 점을 명심하세요. 결국 우리는 생각의 이원적인 품성이 사라진 상태, 생각이 조작되지 않은 상태, 생각을 투명하게 보는 상태, '생각하지 않는' 상태에 이르게 됩니다. 무엇이 남아 있든 여기서는 그저 자유롭습니다. 넓게 열린 광활함을 체험합니다.

명상

명상에 들어가기 전에 동기를 확인하는 것이 좋습니다. "나는 왜 명상하고 있는가?" "이러한 영적인 수행의 이면에는 정말 무엇이 있을까?" "영적이라는 것은 무슨 뜻일까?" "명상이란 무슨 뜻일까?" "명상은 내면의 본성을 발견하여 더 자연스럽고 유기적인 내적 균형의 조화를 이룬다는 뜻이라는데, '왜' 그렇게 해야 할까?" 우리는 우리 자신과 다른 이들에게 도움이 되기 때문에 명상을 하는 것입니다. 명상 수행을 하면 모든 이들에게 이익이 되는, 엄청난 사랑과 존엄이 생겨납니다. 마음이 차분하고 선명할 때 비로소 진정한 자애와 자비가 무엇인지 알 수 있습니다. 그러니 지금 잠시 시간을 가지고 자신과 다른 이들을 이롭게 할 동기를 가지도록 해 보세요. 샨티데바께서는 이렇게 말씀하셨습니다. "세상의 모든 즐거움은 다른 이가 행복하기 바라는 데에서 생기고, 세상의 모든 괴로움은 나만 행복하기 바라는 데에서 생긴다."[*]

* 샨티데바, 『보살의 행에 들어감』, 제8품 129번 게송.

이번에도 몸과 말과 마음을 상징하는 세 글자인 '옴, 아, 훙'을 염송하면서 시작합니다. 마음은 생각을 일으키는 자연스러운 경향을 쉬도록 해 봅니다. 말은 안으로도 밖으로도 이야기하도록 자극할 수 있고, 심지어 몸의 움직임까지도 이끌어 낼 수 있습니다. 줄다리기하는 장면을 떠올려 보면 몸과 말과 마음이 어떻게 함께 작용하는지 알 수 있습니다. 두 팀이 줄지어 서서 밧줄을 한쪽씩 움켜잡으면, 심판은 어느 쪽이 다른 쪽을 끌고 가는지 보기 위해 모래 위의 줄 옆에 섭니다. 줄다리기가 시작되면 심판은 어느 편이 이길지 추측하기 시작합니다. 그러곤 자기가 응원하는 팀을 향해 "힘내!"라고 마음속으로 말하거나 밖으로 소리치기도 합니다. 시합이 진행되면 심판은 이런 방식으로 자기가 응원하는 팀 쪽으로 무의식적으로 기울어지거나 단순히 시합 참가자들이 움직이는 대로 따라 하기도 합니다. 운동 경기를 관람할 때 자신도 모르게 그렇게 해 본 경험이 있으실 겁니다. 이는 우리들이 일상적으로 하는 활동에서 몸과 말과 마음이 일반적으로 어떤 방식으로 연결되어 있는지 보여 줍니다.

명상에서 몸과 말과 마음이 하나 되게 할 때는, 각 요소들을 진정시켜서 함께하는 쉼의 공간으로 데려와야 합니다. 마음이 산란하지 않고 집중되어 있으면 말이 쉬게 될 것입니다. 그런 상황에서는 그 어떤 것도 몸이 동요하도록 자극하거나 움직이도록 부추길 수 없습니다. 이런 식으로 몸과 말과 마음은 고요함으로 한데 집중한 상태가 됩니다.

첫 번째 명상에서 몸의 중요성을 배웠습니다. 우리는 우리가 얻으려는 열림을 먼저 몸으로 경험합니다. 그런 다음 생각과 감정의 열림과 고요함 또한 경험할 것입니다. 이런 경험과 쉼은 거의 동시에 일어납니다. 몸이 차분하게 현재에 머무르자마자 모든 맥과 에너지가 느껴지고, 에너지가 상당히 다르게 흐르는 것이 느껴집니다. 몸의 에너지를 전체적으로 느낄 수 있습니다. 이것이 바로 몸과 함께 명상해야 하는 중요한 이유 중 하나입니다. 말은 고요하고 명료해지도록 만들어 보세요. 마음 속 수다가 줄어들어야 고요하고, 과거나 미래에 얽히지 않아야 명료합니다. 외적, 내적, 비밀스러운 차원*의 말이 모두 조용해져야 합니다. 마음은 떠들고 있으면 안 됩니다. 다시 말씀드리지만, "떠들지 마!"라고 강압적으로 해서는 멈추게 하기 어렵습니다. 그렇게 하기보다는 열려서, 쉬는 몸과 말과 마음을 찾도록 해 보세요. 더 편안하게 잘 쉬도록 마음이 영감을 받으면, 우리는 산란해지지 않고 더 쉽게 집중하고 더 쉽게 쉴 수 있게 됩니다.

현재에서 쉬도록 하세요. 다른 곳에서 내면의 균형을 찾을 필요가 없습니다. 명상하는 바로 그 순간에 찾으세요. 그 순간에 편안해지세요. 이미 잘 균형 잡힌, 방해받지 않은 알아차림 안에서 쉬어 보세요. 이것을 아는 것이 중요합니다. 균형은 새롭게 성취하는 경험이기도 하지만, 본래부터 나에게 있던 경험이기도 합니다. 그리고 나서 거기에 수행으로 양분을 주고 더 발전시키고 강화하는 것입니다. 집중하는 것과 자기 마음의 본성을 느끼도록 자신을 가만히 두는 것은 매우 중요합니다.

집중하기 전에 먼저 마음을 여세요. 정말로 활짝 열어야 합니다. 자신을 믿고 긴장을 풀어 그 순간에 온전히 머무르며 영감을 받습니다. '연다'는 것은 물리적인 형태와 에너지 등 모든 주변 환경에 열린다는 뜻입니다. 완전히 열려 있도록 하세요. 그런 다음, 내가 쉬기 시작한다고 느껴지는 바로 그때 집중하면 됩니다. '집중한다'는 것은 긴장하는 것이 아니고, 편안하고 고요하게 주목한다는 뜻입니다. 명상의 에너지를 느끼고 그 흐름을 느끼게 되면, 어느 순간부터는 에너지와 쉼이 분리되지 않

---

* '외적 차원'은 실제로 밖으로 소리가 나는 것을 뜻한다. '내적 차원'은 마음속으로 잡담하는 것을 뜻한다. '비밀스러운 차원'은 마음속에서 잡담하게 만드는 미세한 생각을 습관적으로 반복하는 것을 뜻한다.

은 하나의 경험으로 합쳐질 것입니다.

집중을 통해 쉬는 명상을 할 때는 너무 밀어붙이지 않아야 합니다. 어느 정도의 노력은 필요하겠지만, 언제나 온 힘을 다하겠다는 목표는 세우지 마세요. 그렇게 하지 않으면 끝에 가서는 결국 조작하게 될 것입니다. 이는 정말로 중요합니다. 어떤 생각이 떠올랐을 때 그 생각에 '방해되는 생각'이라는 꼬리표를 붙인다면, 그 생각을 판단하고 좌절감을 느끼고 그 생각을 밀어내려 할 수 있습니다. 바로 그 지점에서 지어낸 작은 이야기가 우리 마음에서 시작되고, 우리는 바로 이야기를 한 편 만들어 내고, 그렇게 명상이 끝나게 됩니다. 그렇기 때문에 현재에 머무는 것이 중요한 것입니다. 지금 이 순간에 집중하는 것이 가장 가치 있습니다. 생각이나 과거나 미래에 엮이지 않기 때문에 생생한 집중은 우리를 쉼으로 이끌어 줍니다.

아주 가볍고 부드럽게 집중을 '잡아 주는' 것을 현악기를 조율하는 것에 비유한 불교 일화가 있습니다. (이 일화는 부처님과 12세기 티베트 불교 여성 수행자인 마찍 랍돈(Machik Labdön) 두 분 모두에게 있었던 이야기입니다.) 한 제자가 명상할 때 어떻게 집중해야 하는지 부처님께 여쭈었습니다. 그 제자가 악기 연주자였다는 것을 알고 계셨던 부처님께서는 질문한 제자에게 악기를 어떻게 조율하느냐고 물으셨습니다. 제자는 악기 줄은 너무 팽팽하지도 너무 느슨하지도 않게 조율해야 한다고 답하였습니다. 그러자 부처님께서는 명상할 때도 바로 그렇게 집중해야 한다고 말씀하셨습니다. "확실하게 집중하되, 느슨하게 쉬고 있어야 한다. 이것이 바로 그대가 보아야 할 핵심이다."라고 하셨습니다. 그러니 너무 팽팽하지도, 너무 느슨하지도 않은, 정말 중도(中道)*인 것입니다.

---

* 불교 가르침의 다양한 맥락에서 나타나는 용어이다. 중도는 양극단을 피하는 것이다.

이렇게 균형을 잡아 가다 보면 자기 자신이 최고의 스승임을 알게 될 것입니다. 너무 느슨하거나 너무 팽팽하지는 않은지 점검하고 살펴보고, 필요에 따라 조정하고 개선해 나가도록 하세요.

고요히 머무는 명상이 처음이라면 초반에는 좀 어려울 수 있습니다. 그건 당연합니다. 우리가 꽃에 집중하면 탐구하는 경향이 자동으로 나타납니다. "주황색이네. 근데 약간 노란 빛도 돌아. 무늬가 많네. 좀 말랐나, 물 좀 줄까⋯⋯. 오늘은 비가 올 것 같네. 내 우산이 어디 있더라?" 그렇게 늘 하던 생각으로 돌아오게 됩니다. 이렇게 되더라도 좌절하거나 비판하지 마세요. 우리는 너무나 오랜 시간 동안 이렇게 살아왔습니다. 이건 습관입니다. 그저 대상에 다시 집중하고, 집중이 흐트러지면 다시 주의를 부드럽게 되돌리면 됩니다. 포기하지 말고 최선을 다하세요.

어떤 날은 명상이 굉장히 잘되기도 할 것이고, 또 어떤 날은 아주 형편없을 정도로 안되기도 할 것입니다. 지극히 정상적인 일이니, 그럴 때도 자신에게 너그러워지고 자애로워지도록 하세요. 마음이 지금 이 순간에 만족하게 하고, 그 상태로 쉬게 하면 어떤 결과를 바라거나 기대하지 않게 됩니다. 그렇게 하면 명상하면서 더 잘 쉬게 되고, 다른 존재를 향한 자비심이 일어나게 되어 주변 사회 환경에도 큰 이익이 될 것입니다.

1, 2분 정도 안정적으로 집중하다가도 다시 산란해질 수 있습니다. 괜찮습니다. 이전으로 되돌아가 그대로 반복하며 되짚어 보면서 무슨 일이 있었는지 확인할 필요도 없습니다. 녹음실에서 녹음 중인 음악가가 점점 더 완벽해지려고 애쓰는 것처럼 하지 마세요. 이는 편지 쓸 때 틀린 글자를 바로잡는 것처럼 평범한 일상생활에서 배운 또 다른 습관일 뿐입니다. 명상할 때는 그저 자연스럽게 나아가면서 집중하고 있던 대상으로, 지금 이 순간으로 마음을 부드럽게 되돌려 집중하도록 합니다.

쉬는 마음

그저 흘러가도록 하세요. 마음이 열려 있고 유연한 상태로 있도록 해 줍니다. 피곤해지면 잠시 멈추고 심호흡도 해 보고, 잠시 먼 곳을 보기도 하면서 기분을 전환해 봅니다. 완고해지거나 자기 비판적으로 되지 마시기 바랍니다.

수행을 위한 조언

- 자신과 다른 이들에게 이로운 수행 동기를 세워 봅니다.
- 첫 번째 명상에서 했던 것처럼 '옴, 아, 훙'을 염송하세요.
- 시각적인 대상에 집중하는 경우, 그 대상이 마음속으로 떠올린 상상의 이미지라면 눈을 감고 하시고, 실제로 눈앞에 있는 대상이라면 눈을 뜨고 하세요.
- 몸을 쉬게 해 줍니다.
- 마음이 지금 이 순간에서 쉬도록 해 주세요.
- 부드럽게 집중합니다.
- 밀어붙이지 말고, 고요해지고, 쉬도록 하세요.
- 마음을 하나로 모아 집중하도록 하세요.
- 평화와 쉼을 느끼고 그것에 집중하세요.
- 몸과 말과 마음을 연결합니다.
- 명상을 마무리하기 전에는 고요하고, 깊게 몇 번 호흡하도록 합니다.

질문과 답

Q 불교 전통에서는 계가 매우 중요하다고 들었습니다. 고요히 머무는 명상
   이나 다른 명상 수행을 할 때, 생활 속에서 계를 지키는 것이 수행의 진전
   을 위해 중요한가요?

A 불교에서는 계와 열려 있음이 밀접하게 관련되어 있다고 보기 때문에, 행
   복을 가져다주는 청정한 길을 닦아 나가는 데에 있어 계가 매우 중요합니
   다. 계는 모든 것들에 대한 순수하고 진실한 태도와 관련된 것이기 때문에
   마음에 나타나는 내면의 느낌과 지혜의 마음을 따라야 합니다.

Q 몸을 느긋하게 진정시키는 건 쉽지만, 계속해서 일하고 있는 마음의 속도
   를 늦추는 것은 잘되지 않습니다.

A 네, 그렇습니다. 질문하신 분은 무급 근로자, 혹은 자원봉사자가 되어 가
   고 있습니다. 이는 아주 흔한 일로, 많은 분들이 이런 문제를 가지고 있는
   것 같습니다. 가장 좋은 해결 방법은 활발한 생각들이 나타날 때 거기에
   주의를 기울이지 않는 것입니다. 생각에게 이렇게 말해 보세요. "난 너한
   테 주의를 기울이기엔 좀 바빠. 지금 차를 마시고 있거든." 또는, "책을 좀
   읽고 싶어."라고요. 그렇게 평소와 다른 방식으로 대응하면, 생각은 아마
   "음, 오늘은 얘가 좀 재미가 없네."라고 하며 스스로 사라질 것입니다.

Q 고요히 머무는 명상을 할수록 나날이 집중이 더 잘되는 것 같기는 합니다.
   하지만 마음을 하나로 모으기까지 나아가는 과정이 너무 더딘 것 같습니
   다. 여태껏 생각하고 살아오던 방식들이 저를 너무 산란하게 만듭니다. 제

가 수행을 시작하려고 하면 이 강력한 습관들이 저에게 몰려오는 것만 같습니다. 고요히 머무는 것을 이룰 수 있는 지름길이 있을까요? 아니면 그저 참고 견뎌야 하는 상황일까요?

A   잘하고 계신 것 같습니다. 인내심을 가지고 꾸준히 정진하시라고 말씀드리고 싶습니다. 빠르게 가는 것보다 느리게 가는 것이 더 안정적일 수 있습니다.

Q   린포체님, 우리가 고요히 머무는 명상을 할 때 '광활함'을 경험한다고 하셨습니다. '광활함'이라는 말은 무슨 뜻인가요?

A   광활하다는 것은 마음이 생각을 자신의 토대로 삼지도 않고, 생각을 더 복잡하게 반복하는 모양새로 키워 내지도 않고, 마음을 긴장시키지도 않는다는 뜻입니다. 또한, 마음이 깨어 있고 산란하지 않으면, 더욱 확장된 광활함으로 이끌어 줄 것입니다.

Q   고요히 머무는 명상이 자연스럽게 흐를 때 경험하는 에너지의 원천은 무엇인가요? 그리고 이 에너지라는 것은 정확히 무엇인지, 에너지라는 말은 무슨 뜻인지 궁금합니다.

A   이런 에너지는 명상 수행자들의 마음이 산란하지 않을 때 나타납니다. 예를 들어, 마음이 활발하게 생각하고 있지 않을 때, 마음 안에 아주 고요한 본성이 있음을 느낄 수 있습니다. 쉴 수 있는 '익숙한 집' 같은 곳인데, 에너지는 원래부터 그곳에 있었고 여전히 그곳에 있습니다. 물론 그곳은 따로 분리된 어떤 곳이 아니라 마음 그 자체입니다.

Q   잠자리에 들기 직전에 명상해도 될까요?

A   좋은 생각입니다. 그때쯤이면 생각이 대부분 차분한 상태입니다. 많이 거

칠지 않아요. 심지어 균형도 잘 잡혀 있습니다. 이런 상태는 우리가 잠들기 전에 자연스럽게 쉴 수 있도록 해 줍니다. 좋은 방법입니다.

다듬어진 명상

명징함에 도달하기

일곱 가지 명상 하나하나는 우리를 더 깊은 차원으로 열어 갑니다. 몸에 대한 명상이 고요히 머무는 명상의 준비 과정이었듯이, 이번 장의 주제인 다듬어진 명상은 다음 장에 소개될 통찰 명상의 준비 과정입니다. 다듬어진 명상을 하면 더욱 명징해지고, 이 명징함은 쉬는 집중을 더욱 안정적이고 정밀하게 만들어 줍니다.

티베트어로 이 명상 방법을 '족곰(ཞི་གནས་སྒོམ་)'이라고 합니다. '족'은 '안정시키다'를, '곰'은 '명상'을 뜻합니다. 양 떼와 함께 있는 목동을 떠올려 보면 이해가 잘될 것입니다. 양들(우리의 일반적인 생각)은 알아서 고요히 지내며 도망치고 싶어 하지 않지만, 목동은 여전히 (잠재의식을 산란하게 하는) 늑대로부터 양을 지키기 위해 정신을 바짝 차려야만 합니다. 여기서도 마찬가지로 미세한 의식의 흐름 속의 생각을 줄이기 위해 이전보다 더 쉬고, 덜 걱정해야 합니다. 그리고 이러한 도움으로 쉼이 더 안정적이게 됩니다. 그런 명상 상태에 더 오래 머물고 싶어지는 영감을 받게 됩니다.

명징함의 등장

저는 이 세 번째 명상을 다듬어진 명상이라고 부릅니다. 이전의 두 명상보다 훨씬 더 섬세하기 때문입니다. 우리는 몸을 느끼고 몸을 쉬게 하는 것으로 시작하여 고요히 머무는 명상으로 넘어와서는 한 대상에 집중하는 법을 배웠습니다. 느껴도 보고 집중도 해 봤으니 이제 이 세 번째 명상에서는 앞에서 다루었던 것 가운데서 선택하여 집중해 보겠습니다. 이번에는 고요히 머무는 명상에서 얻게 된 고요함에 집중할 것입니다. 이 고요함을 명징함과 에너지와 영감으로 녹아들게 하여 우리의 마음을 쉬게 하고 차분하게 할 것입니다. 다른 말로 표현하자면, 쉬는 에너지가 더 많아지는 명상이라고 말할 수 있겠습니다. 이전에는 쉴 에너지를 얻으려면 노력을 좀 해야 했지만, 이제는 좀 더 자연스럽고 안정적인 방식으로 쉴 에너지를 경험하게 됩니다. 이것은 고요히 머무는 명상을 통해 우리가 감지하게 되는 아주 미세한 변화입니다.

명상 중에 고요하고 집중이 꽤 잘되더라도, 영감이 명확하게 드러나지 않을 수 있습니다. 여기서 '영감'이란, 명징함의 에너지가 명상의 중심이 되었을 때 경험하는 품성을 뜻합니다. 우리는 고요히 머무르는 집중을 통해 고요에 이르렀습니다. 이제 그 고요함 자체를 좀 더 온전하게 계속하여 체험하여 명징함이 떠오르도록 할 것입니다. 명징함의 생생함이 없으면, 망상이나 졸음에 빠져들거나 아예 잠들어 버릴 수도 있습니다. 명징함은 명상의 흐름과 알아차림의 균형을 잡을 수 있도록 도와줍니다.

우리가 집중하면, 고요는 마치 우리가 집중하는 것을 지켜보고 있었던 양 나타납니다. 고요함이 더 깊어지면, 생각으로부터 자유로우며 본질적인 광활함에 훨씬 더 많이 집중되어 있는 마음으로 우리를 이끌어줍니다. 그렇게 되면 주위가 온통 명료해지고 에너지로 가득 차게 됩니다. 그곳은 고요하다기보다는 밝게 빛나는, 청정한 마음에 가깝습니다. 그러니 이 세 번째 명상에는 모든 명상이 그렇듯, 깊은 마음의 정수인 궁극적인 명징함을 가져다줄 가능성이 있습니다.

안정감 찾기

　이번 명상에서는 안정감도 조금씩 생기기 시작할 것입니다. 안정감은 한 대상에 집중하는 것 이상의 것입니다. 안정감은 단순히 집중한다고 해서 얻을 수 있는 것이 아닙니다. 미묘한 본래 품성과 대상을 활용한 쉼을 통해서 얻을 수 있습니다. 처음에 우리는 꽃이나 이미지 등의 한 대상에 집중하며 마음을 하나로 모으면서 집중을 키웠습니다. 이번 명상에서는 마음과 대상이 하나 된, 하나로 모아진 집중 그 자체에 머무르며 쉬는 것을 강조합니다. 그 차이를 감지하기는 쉽지 않지만, 차이는 분명히 존재하며 확실히 느낄 수 있습니다.

　다시 한번 말하지만, 평소 생활 방식 때문에 우리는 명상을 시작할 때도 너무 열심히 하려고 합니다. "여기에 존재하라."든가 "현재에 존재하라."라고 스스로에게 몇 번 거듭하여 말하며 상기시킬 수도 있지만, 계속해서 그렇게 하는 것은 지나칩니다. 그런 긴장감은 내려놓기 바랍니다. 집중을 완전히 잃어버리면 우리 마음은 다시 온갖 곳을 휘젓고 다니고, 거칠어지고, 통제할 수 없게 되어 다루기 어려워질 수 있습니다. 집중을 강요하는 대신 마음이 쉴 수 있도록 해 주시고, 너무 애쓰지 않고서 집중이 고요함과 어우러지도록 해 주세요.

　다시 폭포를 떠올려 봅니다. 모든 물방울(마음에 지나가는 모든 생각들)을 하나하나 지켜본다면 물의 흐름을 놓치게 됩니다. 현재에 머무르면서 경험의 폭포가 방해받지 않고 흘러갈 수 있도록 가만히 놔두세요. 마음은 그저 현재를 지켜보면서 덜 움직이고 있기 때문에 더 쉬고 있습니다. 일단 그런 쉼 자체가 확립되면 그것에 집중하세요. 폭포의 흐름에 집중합니다. 이 흐름은 쉼과 하나입니다.

　마음이 이리저리 돌아다니는 것을 알아차리고 나서 마음을 다시 집중으로 가져올 때는 좌절할 필요도, 자책할 필요도 없습니다. 마음 무거울 일이 아닙니다. "나는 항상 산란하다."는 부정적인 다큐멘터리를 만들어서 돌려 보지 마세요. 그렇게 하는 것이 오히려 방해가 됩니다. 그보다는 그저 유쾌하게 웃으면서 마음을 집으로 데려와, 행복감과 열정으로 북돋아 기분 좋게 해 주세요. 기분이 좋고 마음의 쉬는 본성과 연결되는 경험을 하게 되면, 열림과 열의의 조용한 에너지가 드러납니다. 우리가 명징함을 경험할 때, 그 명징함은 바로 영감으로 나아가는 기쁨이 됩니다. 마음은 스스로가 쉬는지 산란한지 알면서 쉴 수 있습니다. 그렇지만 생각과 생각하는 자 사이에는 정말로 구분이 없습니다. 아는 자 역시 마음입니다. 쉬는 마음의 중심으로 모든 것을 가져와 보세요. 그리고 이 청정하고 편안한 공간을 느껴 보세요. 이러한 관점에서는 정신을 산란하게 만드는 것들이 나타나더라도 그것들을 물리치려고 싸울 필요가 없습니다. 이전에도 "산란해지지 말고 알아차리세요. 그저 지나가도록 내버려두세요."라는 수행 안내를 들어 본 적이 있을 것입니다. 그리고 스스로도 이렇게 말해 봅니다. "산란함에 정신 팔려 있지 말자." 우리는 생각 하나하나를 상대하며 일하는 것도 아니고 반복적으로 나타나는 정신 상태를 다루지도 않습니다. 그러므로 우리는 덜 바쁩니다. 생각 하나하나를 거부하거나 받아들이거나 하면서 떼어 내려 한다면, 그것은 집착하고 있는 것입니다. ('집착'은 불교의 전문 용어입니다. 어떤 방식으로든 정신적 현상에 관계하거나 개입하는 것을 뜻합니다.) 우리는 즐거운 생각은 붙잡고, 불쾌한 생각은 밀어냅니다. 이러한 행동은 우리가 생각을 하나하나 상대할 때 일어납니다. 하지만 마음이 고요하고 흔들리지 않고 마음의 본성 안에서 머물러 있으면, 어떤 생각이 나타나더라도 어디에도 걸릴 곳이 없습니다. 마음이 자유로우면 생각이 일어나더라도 달라붙지 않습니다.

그런 마음 상태로 있는 것과 명상하는 것은 무척 자연스러운 것이지만, 한편으로 우리는 '달라붙는' 일상을 더 자연스럽게 느끼기도 합니다. 오랫동안 그런 일상 속에서 살아왔기 때문에 자동적으로 그렇게 느끼게 되어 버린 것입니다. 주의해서 가만히 깊게 들여다보면, 그것은 자연스러운 것이 아니라 단지 습관일 뿐임을 알게 됩니다. 마음이 깊은 쉼에 들어가게 되면 무엇이 마음의 본성이고 무엇이 마음의 본성이 아닌지 알게 될 것입니다. 마음이 '깊게 있도록' 가만히 두면 답을 알게 될 것입니다. 나의 깊은 마음이 그 진정한 본성에 열려 있도록 하는 것은 아주 중요합니다.

비어 있음에 대하여

굳고 단단하게 정의된, 실상에 대한 윤회 세계의 관점으로 인해 생긴 불안으로부터 벗어나 긴장을 풀면, 견고한 세상의 날카로운 모서리가 무뎌지기 시작하고 우리는 균형감을 느끼게 됩니다. 여기, 우리는 비어 있음(공성, 空性)의 경계에 있습니다. 우리는 모든 것 안에 실재하는 고정된 실체가 있다는 것을 더 이상 믿지 않습니다. 여기에서 우리는 우리 마음과 우리 마음이 습관적으로 가정하는 정신적인 조건화를 쉬게 합니다. 자세히 관찰해 보면 실제로 모든 것은 분리되어 있지 않으며, 별개의 정체성을 지니고 있지 않습니다. 오히려 우리가 만들어 놓은 뚜렷한 경계를 흐리게 하는 상호 의존성이 있습니다. 특정한 무엇이라고 정의될 수 있는 정체성이라고 하는 것은 비어 있습니다. '어떤 것'이랄 게 없습니다.

어떤 물질을 더 자세히 들여다보면 원자와 아원자 입자들을 관찰할 수 있습니다. 그러므로 모든 것의 본성*은 비어 있으며, 모든 것의 독립된 실재는 비어 있습니다. 비어 있음은 없음이 아닙니다. 모든 것들은 서로 의지하여 일어나고, 타고난 깨어 있음과 지혜는 우리의 우주에서 절대 사라지지 않는 품성입니다. 그것이 지혜로운 마음의 명징함입니다. 우리가 이번 명상에서 개발하기 시작한 그 명징함은 바로 비어 있음을 깨닫는 것입니다. ("서로 의존하지 않고 일어나는 것은 하나도 없다. 그러므로 비어 있지 않은 것은 하나도 없다.")**

하지만 이런 관점을 갖추려면 명상을 통해 마음을 닦아야 합니다. 보통 바다를 바라볼 때 바다 표면의 크고 작은 수천 개의 물결을 봅니다. 바다를 전체적으로 보면 춤추고 움직이는 것처럼 보입니다. 하지만 어느 시점이 되면, 파도가 모두 가라앉아 고요해지고 맑고 잔잔한 거울 같은 표면이 남습니다. 그러면 바다의 광활한 명징함 아래로 바다 깊숙한 곳을 들여다볼 수 있습니다. 바다 표면의 명징함은 하늘과 구름, 별과 해와 달을 비춥니다. 바다 위를 지나는 무엇이든 어떤 것으로부터도 방해받지 않은 바다의 깨끗한 표면 위로 완벽하게 비칩니다. 마찬가지로 요동치는 바쁜 생각과 감정으로 우리의 마음이 흐려지면, 내면의 마음을 꿰뚫을 수 없을 뿐만 아니라 마음이 현상들을 있는 그대로 선명하게 비추지 못합니다. 우리가 그렇게 명징해질 때 사물의 내면과 외면의 진정한 본성을 보게 되며, 이것이 바로 비어 있음을 보는 것입니다. 우리는 현상들에 내재하는 실재가 없다는 것을 직접 볼 수 있습니다. 다시 한번 말하지만, 아무것도 없는 느낌, 무의미한 빈 상태, 빛과 에너지가 없는 블랙홀과 같은 것들과 절대로 혼동하면 안 됩니다. 또한 비어 있

---

* 고유한 정체성으로, '그 자체로서 존재하는 것'이라고도 한다.

** 『중론』제24품 19번 게송.

88
쉬는 마음

음을 대상, 즉 '어떤 것'으로 여겨도 안 됩니다. 비어 있음은 직접적인 이해에 가깝습니다.

행복을 향해 깊은 마음을 열어
마음의 핵심 본성 경험하기

　이런 종류의 명상을 배우기 시작할 때는 생각을 만들어 내려는 마음과 생각이 이어지는 과정에 생기는 각각의 생각 안에서 더 많은 생각을 만들어 내려는 마음 때문에 조금 어렵다고 느낍니다. 이미 경험해서 아시다시피, 이런 마음 때문에 고요해지기 어려운 것입니다. 그럴 때는 "내 마음이 왜 산란하지? 왜 현재에 머물지 못하고, 있는 그대로 그냥 놔두질 못하지? 행복해지자. 깊은 마음이 행복을 향해 열리도록 해 보자." 라고 행복한 마음으로부터 격려를 받을 수 있습니다. 우리의 마음이 더 고요해지고 더 깨끗해졌을 때, 그것의 정수는 사실 행복입니다. 청정한 마음을 얻고 느끼려면 그 첫 단계는 고요한 마음을 얻고 느끼는 것입니다. 그렇게 되면 우리는 고요한 상태를 즐기게 되고, 그런 즐거움에서 영감이 옵니다. 영감은 명징함의 한 측면입니다.

　마음이 행복해지고 산란하지 않게 되었을 때, 바로 그곳에 마음의 내적 본성에 대한 우리의 인식을 깊어지게 하는 거대한 가능성이 있습니다. 명상을 통해 우리는 자기 자신을 더욱더 잘 알아 가는 과정으로 들어갑니다. 내면에 가까이 다가갈수록 우리의 내면은 더욱 선명해집니다. 마음의 정수를 느끼는 것이란 어떤 것일까요? 이에 대해 우리 자신에게 답하기 위해서는 그 연결을 경험해야만 합니다. 이 연결은 매우 미세하기 때문에 우리가 산란할 때는 쉽게 나타나지 않습니다. 하지만 연결되어 있음을 경험하고 나면, 우리는 연결된 그 자리와 연결된 경험이 무엇인지 알게 됩니다. 거기에 익숙해지고 그런 자리를 기억하게 되면, 그 연결됨으로 돌아가는 길을 쉽게 찾을 수 있게 됩니다. 이후에 나올 명상들에서 그 경험을 갈고닦아 더 잘 보이게 하고, 더 밝게 하고, 더 다가가기 쉽게 만들 것입니다.

동기

명상 수행을 하는 것은 모든 이들에게 이로운 무언가를 하는 것입니다. "어떻게 평화롭고 조화로운 세상을 만들 수 있는가?"라는 질문에 대한 의미 있는 답을 명상 수행을 통해 얻게 됩니다. 내면의 평화를 지니고 깊은 마음과 연결되어 있으면, 우리가 어디를 가든지 더욱더 오래가고 더욱더 강한 영향력을 가지는 내적 환경을 만들어 냅니다. 위대한 명징함을 경험함으로써 우리가 가는 길에 행복을 가져오는 방법을 배우고 자신과 다른 존재 모두에게 의미 있는 일을 할 수 있습니다. 이는 마치 땅에서 금을 찾아 캐내는 것과 같습니다. 그렇게 하기 위해서는 자신과 다른 이들에게 행복을 가져다주고자 하는 염원을 갖는 것이 무척 중요합니다. 우리 존재의 진정한 본성, 우리의 깊은 마음을 인식함으로써 이런 태도와 영감이 솟아나게 됩니다. 그러면 그 에너지와 활기를 실생활에 유용하게 적용할 수 있습니다. 그러므로 모든 존재에게 균형과 이익을 가져다주겠다는 선한 동기는 명상의 본질이기도 합니다.*

---

* 지혜에서 이타주의가 계속해서 솟아나는 것을 '절대적 보리심'이라고 한다. 존재의 고통에 대해 성찰하고 이것을 개념적으로 개발하는 것을 '상대적 보리심'이라고 한다.

몸과 말과 마음 다시 살피기

명상의 깊이를 더해 가고 있는 만큼, 몸과 말과 마음과 관련된 '옴', '아', '훙' 세 음절을 좀 더 깊이 다루어 보겠습니다. 불교에서는 실제로 '머리의 마음'과 '가슴의 마음', 이렇게 두 가지 마음이 있다고 합니다. 우리에게 가장 익숙한 것은 머리의 마음으로, 컴퓨터에 비교되곤 합니다. 머리의 마음은 우리의 기억 속에 정보를 저장하고 다시 불러올 수 있으며, 계산을 하는 등의 기능을 수행할 수 있습니다. 하지만 누군가 버튼을 누르지 않으면 작동하지 않는 컴퓨터처럼, 머리의 마음은 깊은 마음, 특히 사랑과 자비 같은 느낌과 더 많이 관련되어 있는 가슴의 마음이 내리는 명령에 따릅니다. 환희와 기쁨과 영감, 심지어 지혜까지도 깊은 마음에 속합니다.

몸과 마음은 이해하기 쉽습니다만, 말은 대체 무엇일까요? 조용하고 소리 없는 수다는 내면의 의사소통이나 논의와 관련된 것입니다. 이는 말의 한 측면입니다. 어떤 때는 마음이 더없이 고요한데도 말이 만들어 내는 별 이유 없는 수다가 마음을 들뜨게 합니다. 심지어 몸도 끌어들여 몸과 말과 마음 셋이 모두 함께 '이야기'하도록 만듭니다. 떠들어 대는 말을 조용히 시키면, 이것이 마음에 영향을 주어 마음을 가라앉히고, 몸에 영향을 주어 몸을 고요하게 합니다. 그러니 말을 고요하게 만드는 것이 고요한 명상의 비결입니다. 그렇게 되면 우리는 몸과 말과 마음 모두를 명상으로 가져올 수 있습니다. 만약 그렇지 않다면, 예를 들어, 셋 중 둘만 명상 상태에 있고 나머지 하나는 명상 상태가 아니라면 불균형이 발생할 수 있습니다. 마음은 명상을 즐기고 있을지라도 몸은 마음과 떨어져 아플 수 있습니다. 이런 경우에는 근육을 이완시키고 자세를 바로잡아 에너지의 흐름을 느끼게 되면, 몸은 마음과 말과 함께 있게 될 것입니다.

수행 지침

　가장 중요한 요소, 이 명상의 근본 뼈대는 고요함과 명징함을 유지하는 것입니다. 다시 말하지만, 몸과 말과 마음은 한곳에서 함께 쉬고 있어야 합니다. 눈은 각자 편한 대로 뜨고 있어도 되고 감고 있어도 됩니다. 소음이 들리거나 다른 '방해'가 있을 때마다 그런 것들을 생각하거나 분석하는 대신, 방해하는 것들과 함께 쉬도록 해 보세요. 그저 넓게 열린 상태가 되어 주변의 모든 환경이 명상의 일부가 되게 하세요. 우리가 판단하지 않고 경험하게 되면, 들리는 것, 보이는 것, 에너지 등 모든 것들은 명상의 본성이 되어 더 이상 어떠한 방해물도 없게 됩니다. 그런 다음 마음이 아주 고요하고 산란하지 않고 집중하게 되면, 더 이상 노력할 필요가 없어집니다. 이제 필요한 것은 지금 이 시간에 집중의 에너지를 경험하는 영감입니다.(이 에너지를 빛이라고 하기도 합니다.)

　집중하는 과정에서 마음 자체가 '보는 자' 또는 목격자가 되고, 아무 데도 '볼' 곳이 없다는 것을 알아차릴 때도 있을 것입니다. 그러고 나면 그저 고요하고 편안하게 마음을 완전히 쉬게 하고, 바쁜 마음에서 생겨나는 압박과 습관에 말려들지 않도록 하는 것이 가장 좋습니다. 광활함 안에서 쉬고, 관여하지 마세요. 이는 더 집중됨을 느끼고 하나 됨을 느끼기 시작하기에 가장 좋은 방법입니다. 또 다른 방법으로는 집중된 상태에 이르고 나서 스스로에게 "여기에 있어."라고 소리 내어 말하는 것입니다. 하지만 이전에도 말했듯이, 이런 방법은 일을 좀 너무 열심히 하는 방법입니다. 그러니 밀어붙이지 말고 그저 쉬고 있는 본성과 어우러지고 하나 되어, 고요한 상태를 감사한 마음으로 즐기면서 뭔가를 많이 하지 말고 경험하세요. 마음을 통제하려 하거나 원하는 상태로 만들려는 수고는 내려놓으세요.

명상하는 동안 이따금 자애와 자비가 중요하다고 스스로에게 알려 주거나 떠올려 보세요. 모든 이들의 깊은 마음이 평화와 행복과 삶의 균형을 갈망한다는 것을 인지하게 되는 동기가 됩니다. 명상 중에 완전히 영감을 받고 마음이 아주 고요하고 선명해질 때, 그때 하는 그 경험이 바로 자비심이고 친절한 마음이며 청정한 마음입니다. 그렇게 영감을 받을 수 있으며, 행복해질 수 있습니다.

명상을 해 나가다 보면 때로는 매우 고요하고 청정하고 잘 집중하여 생생하고 활기차게 명상을 시작지만, 어느 순간 생각이 개입하면 끊임없이 이어지는 수다 떨기와 생각하기에 빠져 명징함을 잃게 될 때도 있을 것입니다. 그럴 때는 명상을 잠시 멈추고, 자세를 바꾸거나 눈을 깜빡이거나 고개를 좌우로 움직여 보세요. 다시 활력이 생기고 명상이 회복될 것입니다.

부드럽고 조심스러운 노력으로 명상을 시작해도 괜찮습니다. 예를 들어, "머리야, 이번에는 정신 좀 딴 데 팔지 말자, 알았지? 생각하지 않아도 돼. 그냥 집중하고 행복해지고 영감을 받는 거야."라고 할 수도 있습니다. 그리고 여러 사람이 모여 함께 명상하는 중이라면, 함께 명상하고 있는 분들의 에너지를 느껴 볼 수도 있습니다. 함께하는 명상은 서로 돕고 서로에게 힘이 되어 줄 수 있는 매우 특별한 기회입니다.

명상하다가 문득 함께 모여 명상하는 사람들의 에너지 같은 것을 느끼거나 잠시 쉬는 시간을 가져야겠다거나 명상의 동기를 다시 점검해 보고 싶다는 등의 느낌이 들 때가 있는데, 그때가 바로 순수 의식을 알아차리고 경험할 기회입니다. 우리는 깨어납니다. 때로 명상을 어떻게 해 나가야 하는지 알려 주는 '내면의 스승'이 해 주는 말을 듣기 위해 우리 자신이 명상 선생님이 되기도 해야 합니다. 거울처럼 비추어 주는 내면의 스승을 통한 이런 성찰은 무척 유용합니다. 오직 우리 자신만이 그런 미세하고 깊은 차원으로까지 자신을 들여다볼 수 있기 때문에 우리의 마음은 그런 강력한 조언자가 될 수 있습니다. 영적 수행과 명상에 대한 조언은 스승과 책을 통해서만 얻는 것이 아닙니다.

우리 마음이 더 활짝 열리게 되면, 우리 자신을 더 깊이 들여다보고 수행하는 데 정말로 필요한 것이 무엇인지 발견하게 됩니다. 이를 알고, 실망하지 말고 참을성 있게 계속 앞으로 나아가야 합니다. 이런 즐거운 노력과 정진이 우리의 수행을 돕습니다.

수행을 위한 조언

- 무엇을 보고 듣고 느끼고 경험하든, 아무것도 기대하지 말고 그저 넓게 열려 있으세요.
- 모든 명상 환경은 우리 마음의 본성입니다. 열림의 에너지로 느껴 보세요.
- 마음을 자유롭게 두세요, 자연스럽게 쉬게 두세요.
- 어떤 의견도 내지 마세요. 어떤 행위도 하지 마세요. 그저 마음이 쉬도록 두세요.
- 열린 마음의 명료한 에너지와 쉬고 있는 마음의 본성을 느껴 보세요.
- 자연스러운 에너지의 흐름으로 명상을 경험하세요. 에너지가 폭포처럼 흐릅니다.
- 마음을 열어 두세요. 자연스럽게 흐르고 명징함이 떠오르도록 두세요.
- 행복을 향해 깊은 마음을 열어 두세요.

쉬는 마음

질문과 답

Q 이 명상을 통해 제 정체성의 큰 부분을 차지하는 습관들을 덜어 내게 된다면, 제 정체성을 잃게 되지는 않을까요?

A 그럴 수 있습니다. 우리가 '자아'라고 부르는, 마음의 습관적인 경향인 개성을 잃을 수 있습니다. 그렇지만 통찰력과 훌륭한 인간성을 더 많이 가져다줄 본질적인 힘과 용기를 얻을 것입니다.

Q 비어 있음에 대해 설명하실 때 말씀하신 '상호 의존'이라는 말은 무슨 뜻인가요?

A 비어 있음은 '없음'이 아닙니다. 비어 있다고 하는 것은 존재하는 것, 존재하지 않는 것, 둘 다인 것, 둘 다도 아닌 것에 비어 있다는 것입니다. 불교 철학에 따르면, 우리는 어떤 대상이나 어떤 현상을 경험하거나 생각할 때, 습관적으로 그리고 무의식중에 이렇게 생각합니다. "그것은 존재한다." "그것은 존재하지 않는다." "그것은 존재하기도 하고 존재하지 않기도 한다." "그것은 존재하지도 않고 존재하지 않지도 않는다." 우리는 정신적인 조건화를 통해 현상에 대해 이런 반복적인 형태나 해석을 적용합니다. 이런 극단에 대한 습관적인 집착을 넘어설 때, 자연스럽게 상호 의존하여 우리의 경험이 드러나게 됩니다. 끝없이 이어진 서로 의존하는 연결망 안에서 모든 현상은 다른 현상에 의지하여 일어납니다.

Q 선한 동기(보리심*)는 명상을 잘 배우는 것과 좋은 명상 수행자가 되는 것, 이 둘과 정확히 어떤 관계가 있나요?

A 무척 중요한 질문입니다. 명상과 정신적인 수행을 처음 시작할 때, 가슴의 마음과 생각하는 마음을 둘 다 열어야 합니다. 예를 들어, 마음은 생각을 이용해 수행하고 싶어 하는데, 가슴은 명상을 느끼고 싶어 할 수 있습니다. 그럴 때는 어떻게 해야 할까요? 가슴으로 느끼면서 명상에 들어가 보세요. 수행은 수행자 자신만 행복해지려고 하는 것이 아니며, 수행으로 경험하는 행복은 다른 이들의 행복의 원인이 될 수 있기 때문입니다. 명상하는 동안 다른 이들을 위하는 마음을 느낄 때 수행이 다른 이들의 행복의 원인이 됨을 발견하게 되고, 이로 인해 우리는 더 행복해집니다. 그러니 가슴에서 비롯된 자애라는 올바른 동기가 있다면, 생각하는 마음의 습관에만 중점을 두고 수행하는 것보다 훨씬 더 실질적으로 모든 이에게 도움이 될 것입니다.

Q 몸과 말과 마음을 '한곳에서 쉬게 하라.'는 것은 무슨 뜻인가요?

A 우리의 마음이 마음의 진정한 본성 안에서 온전히 쉬고 있다면, 더 이상 '몸', '말', '마음'이라고 분별하거나 나눌 것이 없습니다. 그것들은 하나로 통합되어 경험됩니다. 그것이 바로 '한곳에서 쉬게 하라.'는 말의 뜻입니다.

Q 수행에 진전이 있는지 어떻게 알 수 있나요? 진전이 있을 때는 어떤 느낌인가요?

A 마음이 전보다 덜 거친 상태라는 것이 그 신호입니다. 이는 매우 중요한

---

* 자신과 다른 이들을 위한 사랑과 자비.

신호입니다. 명상이 내면의 따스함에 연결되어 있다는 것이 두 번째 신호입니다. 자신에게 내재한 알아차림과 더 가까워지면 이런 신호들이 나타나고, 내면의 따스함과 연결됨을 진정으로 느낄 수 있게 됩니다. 그렇게 되면 매우 고요해지고, 덜 산란한 상태에서 더 오래 머물 수 있습니다. 자신과 다른 이들을 향해 더 따스해지고 친절해짐을 느낄 수 있을 것입니다. 이런 것들이 수행에 진전이 있다는 신호입니다.

네 번째 명상

통찰 명상

티베트어 '락통(ལྷག་མཐོང་)'을 직역해 보면 통찰 명상을 이해하는 데 도움이 될 것입니다. '락'은 '더 하는 것'을 뜻하고, '통'은 '봄', '분명한', '관점'을 뜻합니다. 락통은 보통 '통찰', '더 나아가서 보기', '명확하게 보기'로 번역되고, 이 용어는 '자기 내면의 본성, 내적 존재나 절대적인 본성을 보는 것'이라는 뜻입니다. 이는 표면을 뚫고 보는 것을 가리킵니다. 여기서 우리는 어떤 걸림도 없는 360도로 열린 시야를 가지게 됩니다. 고요히 머무르기와 명징함이 통찰 명상과 함께합니다. 앞의 두 장에서 개발했던 고요히 머물기 수행은 처음엔 집중을, 이후엔 통찰을 가져다줍니다. 그렇게 빛을 밝혀 우리가 집중하는 것을 분명하게 비추어 줍니다. 앞에 소개된 세 가지 명상은 현실에 대한 직접적인 통찰인 지혜를 경험하게 해 줍니다. 샨티데바께서도 『보살의 행에 들어감』에 이렇게 쓰셨습니다. "지극한 고요함으로 통찰하여야 마음의 번뇌가 극복됨을 알고, 먼저 고요히 머물러 평화를 찾으니 세상사를 집착 없이 즐긴다네."[*]

우리가 온전히 쉬고 있으면 마음은 청정하며 흔들리지 않습니다. 우리 자신을 더 잘 알 수 있게 됩니다. 우리가 정말로 누구인지, 우리 존재의 진정한 본성은 무엇인지, 이 세상에서 우리가 존재하는 의미는 무엇인지, 그리하여 무엇이 중요하고 중요하지 않은지를 알 수 있게 해 줍니다. 내적인 환경과 외적인 환경은 서로 연결되어 있으므로, 이 수행은 우리에게 모든 현상의 진정한 본성을 꿰뚫어 볼 수 있는 통찰을 가져다 줄 것입니다.

위파사나(팔리어: vipassanā) 혹은 위파샤나(산스크리트어: vipaśyanā)로도 알려져 있는 통찰 명상은 오늘날 굉장히 인기 있는 명상으로, 보통

---

[*] 샨티데바, 『보살의 행에 들어감』 제8품 4번 게송.

은 제가 가르쳐 드리는 것보다 더 체계적인 형태로 가르치곤 합니다.* 우리는 무엇이 옳고 그른지에 대한 압박을 좀 줄이고, 완벽하게 하려고 너무 걱정하지 않고, 격식에 좀 덜 메이면서 이 수행을 하려고 합니다. 깊은 마음과 내면을 느껴 보고 이것들과 연결되고자 하는 것입니다. 공을 많이 들여 성취하려 하는 여러 가지 목표들보다 통찰로 드러난 내면의 품성을 느끼는 순간이 더 중요할 때도 있습니다. 모든 전통적인 방식을 전부 다 수행하지 않고도 통찰 명상의 핵심적인 품성을 얻을 수 있습니다. 마음이 산란하지 않은 상태에서 무엇이 느껴지나요? 그 느낌을 관찰해 보세요. 바로 거기, 명확히 보는 것, 그것이 통찰입니다.

통찰 명상은 쉼을 가져다줍니다. 명상할 때나 일상에서 생활할 때 마음을 쉬게 하고, 덜 바빠지도록 하는 영감이 그러한 쉼으로부터 나옵니다. 늘 그렇게 바쁘지 않아도 되는데도 우리는 바쁜 마음에 익숙해져 있습니다. 바쁨은 거듭되는 습관이 되었습니다. 심지어 하루의 일과가 끝난 뒤에도 마음은 여전히 '시간에 쫓기는 것처럼' 계속 일하고 있습니다. 뿐만 아니라 우리의 몸도 내면의 자신과 만나지 못하도록 계속 따라다니며 방해하는 강렬한 생각의 유형에서 벗어날 수 없는 노예가 되어 여전히 긴장한 채로 있게 됩니다.

이 상태를 '집에 있지 않음'이라고 하기도 합니다. 마음이 지금 집에 있지 않다는 뜻입니다. 필요도 없고, 도움도 되지 않는 상태입니다. 내면에 집중하면 할수록 우리의 참된 본성과 잠재력을 알게 될 가능성과 진정한 내적인 행복을 이룰 가능성이 더 높아집니다. 진정한 내적인 행복은 우리 모두가 찾고 있는 것입니다. 우리는 자신과 주변의 존재들을 위

---

* 전통적인 통찰 명상은 알아차림의 네 가지 토대인 몸, 느낌, 마음, 현상을 활용하며 『염처경』에서 하듯이 몸, 느낌, 마음, 장애, 현상의 복합, 본성 자각, 자각하는 요인들, 사성제를 명상의 대상으로 삼는다. 기본적으로 이러한 모든 대상의 자성과 본성이 모두 비어 있음을 보는 것이다.

해 행복을 찾고 싶어 합니다. 하지만 보통은 바깥에서 행복을 찾으려 하고, 그러자니 늘 어려움이 생깁니다. 불자들은 이런 상황을 소나 염소, 양 같은 모든 가축을 우리에 넣어 두고선 다음 날 가축들이 집에 있다는 사실을 잊어버리고 산으로 들로 찾으러 다니지만 가축을 찾지 못하여 당황하는 것과 같다고 비유합니다. 그처럼 우리 또한 우리의 깊은 마음 안에서 참되고 지속적인 행복을 찾을 수 있음을 잊고서, 바깥에서 행복을 찾고 있습니다.

행복이 저절로 나타나는 내적인 차원에 닿기 위해서는 선명하고 평온한 마음이 필요합니다. 모든 명상에서 그렇듯이, 이는 억지로 이룰 수 있는 것이 아닙니다. 평화와 고요함은 '캐내려' 하면 오지 않습니다. 열심히 노력하고 캐내는 것은 오히려 작고 부서지기 쉬운 것을 찾으면서 커다란 구멍을 격렬하게 파 대는 것과 같아서, 찾고 있는 것으로부터 점점 더 멀어지는 자신을 발견하게 될 것입니다. 그러니 비결은 덜 애쓰고 마음을 쉬게 두는 겁니다. 평화와 고요의 품성은 마음의 쉬는 본성의 한 부분입니다. 쉬면 쉴수록 이런 품성이 더 많이 나타나고, 이러한 품성과 더불어 행복이 찾아옵니다. 따라서 통찰로 가는 핵심은 쉼을 경험하는 것, 쉬고 있는 마음의 본성을 경험하는 것입니다. 집중하는 것은 정말 중요합니다. 그렇지만 기쁜 마음으로 집중하여야 가벼워지고 열의가 높아지고 행복해지게 될 것입니다.

명징하게 바라보기

이번 명상에서는 현상의 본질을 통찰하고 탐구합니다. 심오한 쉼을 기반으로 하여 정말 깊이 느껴 보고 이해해 보는 방식입니다. 마음이 흐트러지지 않고 잘 집중되어 있을 때 생각이 떠오르면, 떠오른 생각의 본성을 직접, 즉각적으로 볼 수 있습니다. 무슨 생각인지에는 관심을 두지 않습니다. "넌 좋은 생각이구나, 어서 와."라고 하거나 "넌 나쁜 생각이네, 저리 가."라고 하면서 생각을 붙들지 않습니다. 생각에 정신없이 끌려가지도 않습니다. 통찰 명상을 할 때는, 우리에게 나타나는 생각이나 다른 모든 현상을 자연스럽게 경험합니다. 우리의 목표는 차분한 마음에서 자연스레 나타나는 품성인, 일반적인 경험과 인식의 범위를 벗어난 앎과 지혜를 얻는 것입니다.

사실 '통찰', 즉 선명하게 보기는 '본성을 보는 것'으로도 해석될 수 있습니다. 생각을 깊이 알지 못하고 우리 생각의 본성을 보지 못하면, 그저 생각을 쫓아다니고 생각으로 바쁘기만 할 뿐입니다. 마음을 고요하게 하면 생각을 붙들어 둘 수 있게 됩니다. 그러면 생각을 면밀히 살필수 있게 되고 무슨 생각들이 연결되어 있는지, 무슨 생각이 나타나는지 분명하게 볼 수 있게 됩니다. 이전 명상에서 배웠듯이 마음이 고요하면 그 고요함으로부터 명징함이 떠오르고, 우리의 참된 본성 안을 살펴볼 정말 좋은 기회가 됩니다. 마음이 더 쉬고 덜 바쁘면, 마음의 참된 본성이 빛을 발할 수 있게 됩니다. 더 쉬고 덜 바쁜 것이야말로 더 많이 보고 더 많이 알 수 있는 비결입니다.

통찰 명상은 또한 마음과 명상의 경험 안에 있는 빛나는 품성을 발견하게 해 주기도 합니다. 우리는 태양과 촛불, 번쩍이며 선명한 바깥 현상 같은 외부의 빛은 잘 알고 있습니다. 그리고 이런 것만을 빛이라고 생각하기도 합니다. 그러나 마음에도 빛나는 품성이 있습니다. 생명과 알아차림이라는, 엄청나게 눈부시게 빛나는 빛이 있지만, 우리가 그 빛을 보기는 정말 어렵습니다. 여기서 '빛'은 자기 자신의 빛인 내면의 명징함을 찾음을 뜻합니다. 이것이 궁극적인 명징함입니다.

통찰 수행은 지혜와 관련이 있습니다. 지혜는 사실이나 정보 등에 대한 단순한 지식과 혼동되어서는 안 됩니다. 지혜는 평범한 이해의 한계를 넘어선 광대한 차원에 대해 아는 것이며, 명징함과 영감을 포함합니다. 통찰에는 미세한 예리함이 있고, 동시에 이 미세함에는 에너지와 선명한 빛이 있습니다. 인식하는 지혜의 에너지는 통찰 경험의 큰 부분입니다. 『헤아림에 대한 설명』에 이런 표현이 있습니다. "마음의 본성은 선명한 빛이다. 번뇌는 우연히 일어난 것일 뿐이다."*

무엇을 보는가?

통찰, 또는 선명하게 보기에서 선명하게 경험한다는 것은 무엇일까요? 바로 내면의 마음, 집중된 마음, 쉬는 마음, 어지럽혀지지 않은 마음을 경험하는 것입니다. 우리는 이런 완전한 자유를 보고 느끼고 경험할 수 있습니다. 그것은 맑은 빛입니다. 눈으로 보는 밝게 빛나는 색이 아닌, 에너지 차원에서 물리적으로 느낄 수 있는 빛입니다. (이때 시각적인 빛을 함께 경험하기도 합니다.) 방해받지 않고 명상에 깊이 머무를 때, 마음은 스스로 자신을 비추고 언제나 현재에 있고 맑을 것입니다. 내면의 에너지와 빛을 경험하는 것은 무척 고요하고 편안하며 특별한 만족을 줍니다.

네 번째 명상은 더 미세한 차원에서 에너지를 지켜보고 집중하는 명상입니다. 세 번째 명상은 상대적으로 좀 더 거칠었습니다. '집중'은 몸을 긴장시키고 자신을 몰아붙이는 것이 아닌, '산란해지지 않고 쉬는 것'

---

* 다르마키르티(Dharmakīrti, 법칭), 『헤아림에 대한 설명(量評釋, Pramāṇavārttika)』 제2품.

입니다. 너무 몰아붙이면 마음이 흥분하게 되어 더 이상 명상을 할 수 없는 상태가 됩니다. 통찰 명상을 발전시켜 가면서 몸은 쉬고, 우리는 몸 전체에 흐르는 에너지를 느낍니다. 명상하는 사람, 몸, 명상, 에너지 사이에 어떤 구분도 없으며 모두 통합되어 있음을 느낍니다.

통찰 명상의 쉬는 상태는 자기 변형으로 이끌 수 있습니다. 예를 들어, 만약 우리 안에 떠오르는 생각 중에 어떤 생각들이 너무 사악하고 나쁘다고 느껴져 그런 생각들 때문에 두렵고 불안해진다면, 인내심을 가지고 그 생각들과 함께 잠시 쉬어 보세요. 그런 열려 있음은 생각들의 일반적인 경험과 인식의 범위를 벗어난 본성을 보게 할 것입니다. 이런 차원에서는 어떠한 생각이나 감정도 두려워하거나 막을 필요가 없습니다. 모든 것이 명상으로 녹아들 수 있습니다. 이런 접근 방식은 정식 명상과 일상생활 모두에 도움이 됩니다. 우리가 일단 내면의 마음에 대해 명확하게 인식하고 나면, 우리 주변 모든 것들의 참된 본성을 볼 수 있게 되기 때문입니다.

통찰은 또한 비어 있음을 강조합니다. 우리는 강한 욕망과 습관으로 인해, 모든 것이 정말로 있는 것이고 견고하다는 믿음에 집착합니다. 우리가 비어 있음에 대해 사유하고 이를 어느 정도 이해하게 되면, 우리 마음은 습관적인 긴장을 풀게 되고 자연히 더욱더 쉬는 방식으로 모든 것을 보게 됩니다. 그렇게 우리는 자기 자신 혹은 자아라는 환상의 본질을 깨우쳐 일반적인 경험과 인식의 범위를 벗어난(자기 자신이나 자아는 고정되어 있는 것이 아니며 독립적인 것도 아니고 존재하지도 않는다는 생각에 대한) 지식을 경험하고, 내면으로 집중하여 스스로 통찰을 경험하도록 합니다. 예를 들어, 명상 중에 이따금 부정적이고 강한 혐오와 부정성의 물결을 경험할 수도 있습니다. 그럴 때는 그런 감정에 빠져드는 대신 감정의 물결이 저절로 사라질 때까지 인내심을 가지고 지켜본다면, 그 감정이 빈 것임을 알게 됩니다. 거기에는 실체라고 할 것이 없습니다. 거기에 있었던 적도 없습니다. 고정된 것도 없으며 고유한 실체도 없다는 것이 드러납니다.

그러니 단순해지세요. 복잡하지 않은 근본적인 품성을 찾으세요. 이것이 깨어남으로 가는 지름길입니다. 오로지 핵심적인 것과 함께하세요. 비어 있음의 자연스러운 상태인 정수와 함께하도록 하세요. 그 비어 있음 안에 정수와 명징함이 있습니다. 명징함은 청정한 마음이나 참된 본성과 분리될 수 없습니다.

영감

우리는 이따금 마음이 일반적인 경험과 인식의 범위를 완전히 벗어난 상태, 즉 마음이 고요하고 맑고 편안한 상태를 자연스럽게 경험할 수 있습니다. 이 경험은 명상 안내를 받지 않아도, 특별한 명상 기법을 쓰지 않아도 우연히 일어날 수 있습니다. 꾸밈없는 마음을 보게 되고, 모든 것은 분명하게 현재에 있습니다. 그러나 어떨 때는 굉장히 열심히 노력함에도 불구하고 통찰과 지혜를 아주 조금도 보기 어려울 때도 있습니다. 또 어떨 때는 마음이 산란하지도 않고 집중되어 있으며 바르게 명상하고 있는 등, 마음이 뭔가를 많이 하지 않고 있는 상태인데도 여전히 멍하고 흐릿하고, 에너지와 영감에 그다지 가닿지 않을 때도 있습니다. 통찰 명상은 우리가 너무 밀어붙이거나 닫혀 있거나 억압당하거나 멍해지거나 졸리거나 지루해지는 대신, 우리가 우리 자신에게 어떻게 영감을 줄 수 있는지 알려 줍니다. 꾸준한 수행은 마음의 본성을 안정시키도록 돕고, 우리 마음이 자유로워지도록 하고, 마음이 그다지 바쁘지 않도록 할 것입니다. 그런데 마음의 이런 자유로운 본성은 지루한 것이 아닙니다. 마음의 본성은 깨어 있고, 활기차고 맑습니다.

통찰의 경험은 단지 마음이 산란하지 않은 상태에 있는 것만이 아닙니다. 걸림 없는 마음의 에너지를 경험하는 것도 포함합니다. 미세한 에너지는 명징함을 경험하는 것의 일부입니다. 고요히 머무는 명상으로부터 생긴 고요함은 영감을 받는 토대이므로 고요히 머무르는 경험이 중요하긴 하지만, 통찰의 경험은 그보다 훨씬 깊은 경험입니다. 우리는 통찰 명상을 통해 더 선명하게 볼 수 있게 되고, 산란하지 않은 이런 상태에 마음이 더 오래 머무르며 쉴 수 있게 되어 더 많은 영감을 받게 됩니다. 이 지점에서의 쉼은 무척 다른 품성을 지닙니다. 마침내 우리는 신체적으로, 즉 몸 안에서 더 큰 쉼을 느낄 수 있을 것이고 유쾌한 에너지를 느낄 수 있을 것입니다. 그렇게 약간은 느슨해지면서, 동시에 깨어 있음과 영감을 더 크게 느낄 것입니다. 이런 것들은 우리가 내면 보기와 연결되어 가고 있다는 신호입니다. 이 명상을 안정적으로 수행하게 되면 여러분의 정기적인 명상의 시공간에 영감과 열의가 어우러질 것입니다. 얼굴에 미소를 띠며 "아, 지금은 명상 시간이야! 그리고 여긴 내 명상 공간이야."라고 생각할 것입니다. 그리고 다시 어려움이 생길지라도 부드럽고 친절하게 열려서 아주 조금만 노력한다면, 마음은 편안하게 명상하려는 영감을 받을 것입니다.

광활함

생각이 떠오른다고 해서 생각을 끊어 버리거나 그 상황에서 도망칠 필요는 없습니다. 그보다는 마음을 활짝 열어, 더 넓어진 시야로 더 명확하고 너른 경험을 하고 마음의 실상과 마음의 본성의 실상이 무엇인지 경험합니다. "정말로 무슨 일이 일어나고 있는 거지?"라는 의문에 대하여 저절로 답을 얻을 수 있을 것입니다. 더 이상 의문이나 혼란이 없어져 마음이 고요해집니다. 그러니 "생각에 매달리거나 생각을 붙들지 말고 명상하자."라고 말하며 명상을 시작해 보도록 합니다. 우리가 이미 살펴보았듯이 좋아하거나 싫어하는 생각에 집중하는 것도 집착의 한 종류이며, 여기에 집중하느라 계속 긴장하고 있으면 정신적으로도, 신체적으로도 지치게 되고 많은 에너지를 낭비하게 됩니다. 현대 신경 과학은 명상이 몸과 신경계가 쉴 수 있도록 돕는다는 사실을 입증하였습니다. 고요하고 맑은 명상의 '가장 좋은 곳' 안에 머무를 수 있으면, 에너지를 잃지 않고 에너지를 얻게 된다는 것을 알게 됩니다. 에너지 증가는 안정적인 수행에 도움이 됩니다.

그와 대조적으로 우리는 커피를 마시는 등 인위적인 방법을 통해 머리를 맑게 하고 에너지를 키우려 합니다. 그런 방법은 잠깐 동안에는 효과가 있기도 하지만, 그마저도 속으로는 여전히 피곤함을 느끼고 있을 수도 있습니다. 카페인이 다 떨어지고 나면 멍함, 긴장감, 졸음, 에너지 부족으로 다시 빠져들게 됩니다. 우리는 명상으로 자연스럽게 에너지를 채울 수 있습니다. 명상의 쉼이 마음과 몸에 긍정적인 영향을 주기 때문입니다.

앞서 다루었던 열림의 또 다른 측면은 명상 중에 새소리나 전화벨 소리, 아기 울음소리 등이 들리더라도 어떠한 판단도 하지 않는다는 것입니다. 여섯 가지 감각*으로 느껴지는 현상을 경험할지라도, 모든 현상에 넓게 열린 채 '좋다'거나 '나쁘다'고 판단하지 말고 가만히 두세요. 그것들의 비어 있는 본성이 자연스럽게 드러날 것입니다.

---

* 여섯 가지 감각은 시각, 청각, 후각, 미각, 촉각, 정신 작용을 말한다. - 역자 주

'열리느냐 닫히느냐'에 따라 명상 환경이 결정됩니다. 그러니 매 순간에 머물면서 여러 소리와 안팎에서 오는 다른 현상을 포용하고, 이 모든 것을 산란하게 하는 장애로 여기지 말고 여러분의 쉼과 영감의 일부로 삼으세요. 판단하는 태도를 쉬면 마음이 덜 바빠지고, 더 열리고, 광활해집니다. 그러면 그 상태에 머무르며, 인내심을 가지고 모든 기대를 내려놓으세요. 애초부터 우리 마음의 본성이었던 광활함을 경험하게 될 것입니다. 만약 모여서 단체로 명상하는 경우라면, 이 열림은 단체로 에너지를 주고받을 수 있게 하여 함께하는 모든 이들의 명상을 향상시킬 것입니다.

동기: 보리심(자애와 자비)

자신과 다른 이들 모두를 향한 열림과 자애로운 마음을 유지하면서 긍정적인 태도로 시작하는 것을 기억하세요. 다시 말씀드리지만, 불교에서는 이를 '보리심', 혹은 '자애와 자비'라고 합니다. 명상의 큰 의미와 목적은 이런 마음으로부터 비롯되기에 보리심과 같은 마음은 무척 유용합니다. 명상은 마음을 집중시키는 훈련으로 알려져 있지만, 집중이라는 말만으로는 충분히 설명할 수 없습니다. 매우 부정적인 일에 집중할 수도 있기 때문입니다. 건전하고 선한 어떤 것을 만들고자 하는 의도에 집중하여야 우리의 마음이 자신과 다른 이들 모두에게 이로움을 주는 선택을 할 수 있습니다. (『바보와 현자의 경(Bālapaṇḍitasutta)』에서는 이렇게 말합니다. "이익이 없다고 생각하여 작은 선행을 가벼이 여기지 말라. 아주 작은 물방울이 모여 마침내 큰 항아리를 채우는 것이다.")* 따

---

* Adam Pearcey(2008), 『어록 전서(A Compendium of Quotations)』 6th ed., Lotsawa School, 18쪽.

라서 명상 수행에는 단지 마음을 집중하는 법을 배우는 것보다 훨씬 깊고 유익하며 매우 큰 잠재력이 있습니다. 그러니 열린 가슴을 갖고자 하는 동기를 세우는 것의 중요성을 명심하시기 바랍니다.

마음이 더 고요하고 덜 산란할 때, 우리는 순수성, 사랑, 자비를 더욱 강하고 더욱 명징하게 느낍니다. 마음이 바쁘고 산란하고 계속해서 방해받을 때는 자애와 자비가 부족하게 느껴지기도 하지만, 이는 일시적인 현상일 뿐입니다. 자비와 자애와 지혜의 본성은 우리 안에 없었던 적이 없습니다. 우리가 해야 할 일은 이 본성과 연결되어 그것을 표현하는 것뿐입니다. 이러한 순수한 동기를 통해 명상을 시작하도록 해야 합니다. 즉, 자신과 다른 이들을 돕기 위해, 마음의 본성을 맑고 순수하게 보려고 명상한다는 뜻입니다. 우리는 마음을 안정시키고 우리 자신과 다른 이들에게 지혜와 가슴, 사랑과 친절을 나누기 위해 이런 것들을 더 깊이 이해하고, 더 깊게 연결되어 가고 있습니다. 부처님의 가르침에서 '깨어 있는 마음 기르기'라고 부르는 이것은 바로 자애의 본성입니다.

명상

앞에서 말씀드렸던 것처럼 몸을 한쪽으로 너무 기울이거나 굽히지 말고 곧은 자세를 유지하도록 하세요. 그렇게 하면 몸의 맥이 똑바로 서서, 몸이 편안해지고 명상에도 도움이 됩니다. 그러면서도 너무 경직되지 않고 유연하게 있는 것이 중요합니다.

모든 이들을 이롭게 하고자 하는 보리심의 동기를 확고히 한 다음에 몸과 말과 마음과 함께 명상을 시작합니다. 몸은 편안한 자세로 있게 하고, 마음은 영감을 받은 상태로 있게 하고, 말은 떠들지 않게 하세요. 그러면 이 셋은 조화롭게 협력할 것입니다. 처리해야 할 많은 일을 생각하기보다는, 우리는 한사람이고 한마음이며 우리 존재의 본질인 하나 됨 안에서 쉬고 있음을 더 많이 느낍니다. 산란해지지 않은 상태로 이러한 하나 됨의 에너지를 경험합니다.

몸과 말과 마음을 열고 이완시키기 위해 이번에도 '옴, 아, 훙' 만트라를 활용합니다. 명상할 때 몸과 말과 마음이 같은 곳에서, 같은 정수에 의해 함께 작용하는 것은 무척 중요합니다. 먼저, 몸에 주의를 두고 열어 주어 몸을 쉬게 합니다. 다음에는 주의 깊게 살피는 시선을 말로 옮겨 갑니다. 말의 중심에서 생기는 수다가 출발 신호가 되어 생각을 자극합니다. 수다가 더 많아질수록 생각도 더 많이 일어납니다. 생각이 더 많아지면 생각들에 관여할 수도 있고, 심지어는 불안감을 불러일으킬 수도 있고, 몸을 움직이고 싶어질 수도 있습니다. 그러니 자유로워지도록 해 보세요. "바로 지금이 명상 시간이야."

시간을 들여 정식 명상을 하는 이유는 순전히 우리의 마음을 어떻게 다룰지 알고, 그 방법을 일상생활에 적용하기 위해서입니다. 이런 지식은 조금씩 조금씩 더 넓어지고 깊어지며 일상생활에 적용될 것이고, 자신과 다른 이들에게 도움이 되는 영감을 불러오게 될 것입니다.

앞에서 언급했듯이, 명상하다 보면 저 아래 흐르고 있는 미세한 생각이나 다른 종류의 생각과 발상이 떠오를 때가 있습니다. 그 생각들이 "나 여기 있어." 하고 말할 정도로 커지기 전까지 알아차리지 못할 수도 있습니다. 그러면 우리는 깜짝 놀라며, "어떻게 여기까지 왔어?" 하고 묻습니다. 생각이 오는 것을 알기는 매우 어렵지만, 마음 아래 흐르고 있는 이러한 생각들은 천천히 살금살금 들어옵니다. 그러니 명상은 의식이 없는 것 같아서는 안 됩니다. 명상에는 의식이 있습니다. 알아차림이 있습니다. 휴식을 알아차리고 쉼을 알아차리는 알아차림을 유지해야 합니다. 이런 알아차림은 마음 아래 흐르고 있는 생각들이 떠오를 때, 그런 생각이 다가오는 것을 감지하도록 돕습니다. 그리고 생각이 나타나면, 그 생각들을 밀어내 없애려 하기보다는 쉬도록 하세요. 생각들 속에서 더 깊이 쉬어 보세요. 수리공처럼 생각을 고치러 가지 않아도 됩니다.

생각이 떠오를 때 "아, 이건 치워 버리고, 저건 꺼 버려야지." 하는 생각이 들 때도 있을 것입니다. 그건 우리가 무언가 '하는 것'을 좋아하기 때문입니다. 우리는 무언가를 하고, 관여하고, 마음을 적극적으로 사용하는 습관이 있습니다. 이러한 습관 때문에 아무것도 하지 않는 것이 어렵습니다. 하지만 마음을 산란하게 만드는 것 하나를 없애려고 하면, 그 과정에서 두 개를 만들어 낸다는 것을 알아차리세요. 중요한 것은 그저 있는 그대로 두고 망치지 않는 것입니다. 그냥 쉬세요. 무언가 떠오르더라도 자기들끼리 알아서 잘 지낼 것입니다. 그렇게 해 보세요.

마음이 아무것도 '하지 않게' 두더라도 알아차림이 계속 유지된다면, 깨어 있는 마음은 지루해하지 않습니다. 보통 때 마음은 아무것도 하지 않을 때 쉽게 지루해합니다. 아무것도 하지 않는데도 덜 지루하다면, 여러분의 명상 수행이 앞으로 나아가고 있다는 뜻입니다. 기본적으로 명상의 느낌을 경험하고 있다는 뜻입니다. 명상을 '하고 있지' 않다는 것이지요. 그저 쉬고 있는 마음을 느껴 보세요. 무언가를 하는 대신, 마음이 쉬고 있는 것을 느껴 보세요. 이것을 기억하시기 바랍니다.

명상을 시작할 때는 마음을 모을 대상을 활용합니다. 그러다 마음이 조금 집중되고 나면, 그때는 그저 쉬면서 쉼의 에너지로 명상합니다. 더 이상 대상이 필요 없어질 때가 되어야 비로소 대상을 떠나보내고 대상 없이 명징함에 집중할 수 있습니다. 이 명징함은 자연스럽게 쉬는 마음입니다. 이 지점에서는 어떤 것이 나타나든 모든 것이 명징함과 쉼의 본성에 합쳐지도록 하고, 마음이 행복해지고 미소 짓게 만드는 느낌을 경험하세요. 마음이 방해받지 않고 집중이 잘 되어 있을 때 생각이 떠오르면 그 생각의 본성을 즉시 직접 보는, 굉장히 긍정적인 경험을 하게 됩니다. 반대로 부정적인 느낌이 들거나 긴장될 때는 그저 그 생각들과 함께 쉬어 봅니다. 졸리거나 몽롱한 느낌이 들면 마음을 탁! 하고 깨워 명상을 다시 시작하세요. 스위치를 누르는 겁니다. 자신을 깨우세요. 앞서 나타났던 생각들로 되돌아가 조사할 필요가 없습니다. 그저 지금 이 순간에 머무르며 명징함과 하나 되세요.

수행을 위한 조언

- 호흡을 따라가세요.

- 생각을 따라가지 마세요. 편안하게 쉬세요.

- 쉼의 편안함을 느껴 보세요.

- 너무 강하게 집중하지 마세요. 그저 쉬세요.

- 몸을 느끼며 쉽니다.

- 에너지가 편안하고 자연스럽게 흐르도록 두세요.

- 맑고 가벼워지세요.

- 마음이 새로워지도록 환기해 봅니다.

- 마음과 생각을 지켜보세요.

- 제대로 쉽니다.

- 고요하고 맑고 편안하게 마음을 경험하세요.

- 열의와 행복감으로 즐겁게 집중하세요.

- 어떤 걸림도 없는 360도로 열린 시야를 경험하세요.

- 길게, 천천히 호흡해 봅니다.

질문과 답

Q 만약 정신적, 감정적 습관이 자유롭지 않고 조건에 의해 제한되는 것이라면, 통찰이 더 깊어질수록 통찰 명상을 통해 경험하기 시작하는 이 자유가 우리의 정신적, 감정적, 심지어 신체적인 부조화와 불균형을 유발하지는 않을까요? 특히 우리가 아주 깊게 뿌리내린, 반복되는 양상의 에너지를 바꾸어 나가고 있으니까 말이죠.

A 기본적으로 감정 체계를 뒤흔들 정도로 강한 내면의 변화가 나타나는 것은 좋은 신호입니다. 명상과 영적 수행으로 인해 부조화와 불균형 같은 것을 느낀다면, 수행을 멀리하기보다는 명상을 지도해 줄 스승이나 경험이 많은 수행자를 찾아 조언을 구하기 바랍니다.

Q 만약 명상하는 동안에 두려움과 불안을 일으키는 너무나 사악하고 나쁜 생각에 제멋대로 엮이도록 둔다면, 일상에서 사람들을 대할 때 다른 이들과 자신에게 해를 끼치는 부주의한 태도를 부추기게 되지는 않을까요?

A 통찰 명상을 할 때는 나쁘거나 악한 생각들에 관여하지 않고 자유롭게 떠오르도록 둡니다. 그것이 완전히 쉬고 있는 마음입니다. 하지만 명상의 '관점'과 일상의 '행동' 사이의 균형을 잡아야 합니다. 파드마삼바바*께서 말씀하셨듯이, 관점이 하늘만큼 높다면 행동은 곡물 가루처럼 고와야 합니다. 이런 명상 수행으로 인해 부정적인 행위를 하게 된다면, 그 행위가

---

* 파드마삼바바(Padmasambhava, 8세기). 구루 린포체(Guru Rinpoche)라고도 알려진 인물로, 인도에서 티베트로 불교를 전하는 데 가장 중요한 역할을 한 인물이다. 티베트인들은 파드마삼바바를 '제2의 부처님'이라고 부른다.

지속되지 않게 멈추어야 하고 자격을 갖춘 명상 스승에게 점검받아야 합니다.

Q 통찰 명상 수행을 하면서 그리고 우리 생각의 참된 본성을 알아보거나 경험하기 위해 애쓰면서, 우리 생각의 참된 본성이라는 용어가 궁금해졌습니다. 이것이 그저 경험되는 것이고 개념화하지 않는 것인지, 아니면 일종의 개념적 돌파구인지 밝혀내려 할 때마다 벽에 부딪히곤 합니다. 생각의 참된 본성 안에서 무엇을 찾아야 하는 것인지 잘 모르겠습니다.

A 어떤 면에서는 생각이 그칠 때 마음은 더 열립니다. 우리는 생각에 빠져들거나 생각을 따라가지 않습니다. '이것', '저것' 같은 것들에 끌려다니지 않고, 경험을 직접 느끼고 아는 것입니다. 따라서 생각의 '본성 알기'는 생각의 내용에 집중하기보다는 생각의 본성을 보는 깊은 차원에서 생각들과 함께 더 편안해지고 쉰다는 뜻입니다. 우리가 경험하는 모든 것은 평등심으로 한맛이 됩니다. 생각을 개념화하는 것이 아니라 생각의 본질을 경험합니다.

Q 통찰 명상을 하면, 우리는 열리게 되고 더 넓은 영역을 경험하지만, 통찰 명상을 수행함으로써, 경험하는 것들에 영향을 받아 산란해지지는 않는다고 이해하면 될까요?

A 네, 그리고 바로 그것이 우리가 생각을 완전히 끊어 내지 않는 이유입니다. 생각들이 고요하고 우리가 이 생각들을 쉼의 상태에서 경험할 때, 생각은 방해가 되지 않습니다. 생각은 그저 명징함에 양분을 주는 에너지의 형태를 띤 메시지, 정보의 흐름일 뿐입니다. 우리 마음이 아주 잘 쉬고 있는 상태이고 미세한 상태이기 때문에 어떤 일이 일어나든 우리 마음에 선명하게 비추어집니다.

Q 명상을 하다 보면 갑자기 조금 전 5분 정도가 기억나지 않고 백지상태인 것을 알아차릴 때가 있습니다. 제가 잠들었던 것일까요? 어디에 있었는지는 기억하지 못하지만, 직전의 짧은 시간이 그저 백지상태인 것을 알게 됩니다. 잠에 들어서 그런 걸까요? 무슨 일일까요?

A 가끔 그런 일이 일어날 때가 있습니다. 그건 정말 자는 것은 아니고, 멍함이 알아차림에 영향을 미치는 상태일 뿐입니다. 이는 주의 깊게 살피는 우리의 의식에 틈이 생겼다고 느끼게 합니다. 이런 틈에서 명징함을 잃어버린 것입니다. 그러니 마음을 새롭게 환기해 주어야 합니다. 우리는 이따금 컴퓨터를 껐다 켰다 해야 합니다.

지금까지 다룬 주제들
더 깊게 들여다보기

이 장과 짝을 이루는 「사유하기II」와 이 장은 명상 안내서의 부록입니다. '본격적'으로 명상을 시작할 준비가 된 분들은 이 장을 넘어가서도 괜찮습니다. 명상 수행을 잘하기 위해 필요한 모든 정보는 각각의 명상 방법을 소개하는 일곱 개의 장에 전부 담겨 있습니다. 그렇지만 명상을 처음 접하는 분들 중에는 이 일곱 가지 명상의 기원에 대해 알고 싶어 하는 분도 계시리라고 생각합니다. 또한, 이미 티베트 불교를 접해 본 분들 중에서도 보통의 불교 수행 방법과 교학보다는 이 책에서 전해 드리고 있는 것처럼 좀 덜 전통적인 방식으로 수행과 교학을 접하고 싶은 분도 계실 것입니다.

역사적인 부처님이신 석가모니 부처님(고타마 싯다르타라고도 불리신 분)께서 기원전 5세기에 가르침을 펼치신 이후로 많은 불교 전통들이 생겨났습니다. 부처님께서는 45년 동안 가르침을 펼치셨고, 반열반(죽음)에 드신 지 얼마 후에 부처님의 제자들 가운데 뛰어난 기억력을 계발한 분들이 부처님 가르침을 기록하기 위해 모였습니다. 이렇게 모인 가르침들에서 열두 부파가 형성되었고, 그 가운데 하나의 부파인 '상좌들의 가르침(상좌부)' 또는 테라바다(Theravāda)라고 하는 부파만이 오늘날까지 이어지고 있습니다. 이 부파는 샤마타와 위파사나를 주로 수행하며, 동남아시아 지역에서 오늘날까지 전해지고 있습니다. 이후 대승(마하야나, Mahayana)과 금강승(바즈라야나, Vajrayana)이 인도에서 형성되어 중국, 한국, 일본으로 전해졌으며, 티베트에는 8세기 초에 전해졌습니다. 티베트 불교는 상좌부, 대승, 금강승 이 세 가지 불교 전통을 완전무결하게 하나로 만들었습니다. 초심자들은 보통 상좌부 전통의 수행으로 시작해, 좀 더 다듬어지고 더 섬세해진, 더 강력한 대승과 금강승 전통의 수행법을 이어서 수행합니다.

다르마

불교의 가르침은 각 면이 휘황찬란하게 빛나면서 전체로 통합되는 다면체의 보석에 비유할 수 있습니다. 다르마(Dharma)라고 하는 것은 지극히 방대하고 복잡하고 미묘한 배울 거리입니다. 다르마의 복잡함에 정신을 빼앗길 수도 있지만, 다르마의 목적인 모든 존재의 고통을 없애고 깨달음을 성취하고자 마음을 내는 것에 진정으로 관심을 가진다면, 다르마는 학문이기보다는 수행임을 잊지 않도록 항상 염두에 두어야 합니다. 그것이 가장 중요합니다.

부처님께서 처음으로 말씀하신 가르침은 네 가지 성스러운 진리입니다. 모든 곳에 고통이 스며 있다는 진리, 고통에는 원인이 있다는 진리, 고통의 원인을 없앨 수 있다는 진리, 고통의 원인을 없앰으로써 고통을 완전히 끝낼 수 있는 길이 있다는 진리입니다. 고통의 원인은 깊이 뿌리박힌 습관의 정신적 조건화입니다. 이 조건화를 통해 세상을 바라보고, 이것이 윤회 세계를 만들어 냅니다. 고통의 원인은 애착(욕망), 혐오(미움), 무지 이렇게 세 가지로 일반화할 수 있습니다. (질투와 오만을 더해서 다섯 가지로 보기도 합니다.) 이러한 조건 지어진 요소를 완전히 없애는 것이 깨달음이며, 깨달음은 모든 고통이 끝나는 것입니다. 이런 목표를 이루기 위해 불교에서 사용하는 주요 방법 가운데 하나가 명상입니다.

명상, 마음, 몸

윤회 세계는 마음을 거칠게 하고 혼란스럽게 하는 산란함으로 가득 차 있으며, 무지에 지배당하고 있습니다. 명상의 핵심은 제1장에서 소개하였습니다. 명상은 마음을 고요하고 맑게 하여 마침내 무지를 지혜로 바꾸어 줍니다. 그렇다면 마음이란 도대체 무엇일까요? 이 질문에 대한 답은 마음에 대한 이해가 깊어지면서 바뀌게 됩니다. 불교에서 마음은 뇌가 아닙니다. 신체 기관인 뇌가 마음에 영향을 주긴 하지만, 마음은 비물질적인 것입니다. 마음과 몸은 분명히 서로 관련이 있으며, 불교에서는 마음과 몸의 관계에 대해 상세히 설명하고 있지만, 지금 우리의 논의 범주에서는 벗어납니다.

보통 우리가 경험하는 마음은 생각, 감정, 지각과 같은 정신적 현상과 이런 현상을 따라다니며 비추는 인식입니다. 많은 배우들이 들어와 연기하고 퇴장하는 극장이나 무대와 비슷합니다. 마음속의 연극은 대개 혼란스럽고 산란스럽습니다. 상대적으로 짧은 시간 동안 특정 영역을 제어할 수는 있겠지만, 무대 전체를 통제하지는 못합니다. 모욕적인 말을 듣거나 아무 데나 놓인 안경 같은 그런 작은 일로도 마음의 일시적 고요함은 깨질 수 있습니다.

산란해진 마음을 맑게 하려면 명상하기 편안한 기반을 만들 수 있도록 몸을 잘 자리 잡게 한 다음에, 마음이 고요해지고 집중할 수 있도록 마음을 몸으로 가져옵니다.

몸에 대한 명상을 잘하는 것만으로 바쁜 마음, 긴장되고 불안한 몸과 신경계, 많은 상황에 대한 자동 반사적인 대처, 원치 않는 분노, 욕망, 아둔함, 질투, 자만 등 우리 개개인 안에서 일어나는 윤회의 모습을 볼 수

127

있습니다. 정말 놀라운 일입니다.

마음 챙김은 고요하고 집중된 마음을 통해 이룰 수 있습니다. 처음에는 몸이나 숨, 시각적 이미지, 만트라 등 어떤 대상에 의지하여 마음 챙김을 유지하면서 윤회로 만들어진 습관을 조금씩 계속하여 덜어 내야 합니다. 명상을 시작할 때는 자연스레 흥미와 열의를 가지고, 몇 가지 이루고자 하는 목표를 가지고 시작합니다. 하지만 수행할 때는 이 모든 것을 내려놓아야 합니다. 기대 때문에 산란해지지 않도록 해야 하고, 하루에 명상을 몇 번 하는지, '더 높고 더 심오한 수행'을 얼마나 아는지, 만트라를 몇 번이나 염송했는지와 같은 양적인 면을 명상의 질적인 면보다 우선시하는 유혹에 넘어가지 않아야 합니다. 서두르게 되면 윤회 세계의 전형적인 스트레스를 만들어 내게 됩니다. 서두르기보다는 인내심을 길러야 합니다. 1장에서 설명한 대로, 몸과 마음이 하나 된 전형적인 상태인 사마디는 우리가 욕망, 목적, 기대를 넘어서 쉴 때 자연스럽게 일어납니다.

사실 우리의 몸 자체가 명상에 장애가 많이 되기도 합니다. 우리의 생각과 감정은 몸과 따로 떨어져 있지 않습니다. 몸과 마음은 함께 작용합니다. 때문에 몸 안의 맥과 바람과 명점(明点)을 이용한 수행은 더 미세하고 정제된 상태의 의식을 가로막는 방해물을 제거하는 데 더할 나위 없이 유용합니다. 몸 안의 맥과 바람과 명점을 이용하는 티베트 불교의 수행에는 똑바른 자세로 앉아 맥을 '곧게 펴서' 바람과 명점의 작용으로 나타나는 에너지가 부드럽게 흐르도록 해 주는 간단한 동작부터, 지극히 정교한 신체 단련이나 호흡 수련, 강력한 효과 때문에 비밀에 부쳐져야 하며 자격이 있는 명상 스승이 뛰어난 제자에게만 전수하는 관상 수행법 같은 것이 있습니다.

매번 명상을 시작할 때마다 '옴, 아, 훙'을 염송하는 것도 명상을 위해 우리 자신을 고요하게 하는 신체적인 접근 방식 가운데 하나입니다. 각 음절은 각각 하나의 차크라와 연결되어 있습니다. 차크라는 사람들의 건강과 감정적·정신적 경향성, 영적인 영향력과 명상 방법에 대한 열림 등에 강력한 영향을 끼치는 몸의 에너지 중심입니다. '옴'은 정수리 차크라에 연결되어 있고, 머리의 중심에서 방출됩니다. '아'는 목 차크라를 활성화시키고, '훙'은 가슴 차크라를 활성화시킵니다. 여러 장에 걸쳐 설명하였듯이 이 음절들은 명상에 중요한 영향을 끼칩니다. 적어도, 명상을 시작하기에 '알맞은 상태'는 만들어 줍니다.

동기

불교 수행에서, 또한 수행과 관련된 모든 활동에서 핵심 요소는 동기입니다. 고통이 삶을 흠뻑 적시고 있으므로 궁극적으로 모든 존재의 고통을 없애고자 하는 것이 가장 중요한 동기입니다. 이로부터 흘러나오는 모든 동기와 행동을 일러 '보리심', '깨달음의 마음'이라 합니다. 보리심은 자애와 자비를 포함하며, 자애와 자비 그 자체가 보리심입니다. (보리심에 자신을 온전히 바치는 수행자를 '보살'이라 이릅니다.)

보리심에는 상대적인 보리심과 절대적인 보리심 두 가지가 있습니다. 상대적 보리심 수행은 다른 이들의 고통에 대해 체계적으로 사유하고 공감함으로써 시간이 지날수록 자비심이 점점 더 커지는 수행입니다. 티베트 전통에서는 수행자들이 현생의 어머니와 이전 여러 생의 어머니들의 자비심에 집중할 것을 강조합니다. 어머니는 우리에게 모든 것을 베풀어 주시고 가르쳐 주시는 분이시며, 특히 티베트 문화에서 어머니는 특별히 존경받는 분입니다. 그런 다음에 가까운 지인부터 시작하여 완전히 낯선 사람에 이르기까지 공감, 호의, 자애, 자비의 대상을 점차 넓혀 마침내 우리의 '적'을 포용하는 데까지 확장합니다. 불교의 세계관에서는 영겁의 세월 동안 모든 존재가 한 번 이상은 우리의 어머니였다고 합니다. 그러므로 보리심 수행의 목표는 모든 존재에게 평등하게 보리심을 느끼는 것입니다. 상대적 보리심은 (수행을 통해 자비심을 개념적으로 개발하는) 의도와 (실제로 다른 존재를 돕는) 활동으로 세분됩니다.

절대적 보리심은 정식 명상 수행이나 일상 중에 자연스럽게 일어나는 깊은 깨달음에서 비롯된 지혜에서 드러납니다. 이 경지의 '보리심'은 '본래 청정', '마음의 본성', '릭빠(རིག་པ་)' 등과 같은 말입니다. 이 경지에 들어서면, 모든 존재에게는 깨달을 잠재력이 있고 우리가 겪는 고통은 환상에 불과하다는, 직접적이면서 비개념적인 자각이 확실해지기 때문에 모든 존재에 대한 자비심이 일어난다고 합니다. 이러한 자비심은 '사무량심'이라는 기도문에 잘 나타나 있습니다.

모든 존재들이 행복과 행복의 원인 갖게 되기를.
모든 존재들이 고통과 고통의 원인 여의게 되기를.
모든 존재들이 고통 없는 신성한 행복 잃지 않기를.
모든 존재들이 애착과 증오를 모두 여의고
무한한 평등심에 머무르기를.

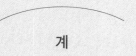

계

다양한 불교 전승마다 지켜야 할 계가 많이 있습니다. 전통적으로 비구 스님들은 253가지 계를, 비구니 스님들은 그보다 더 많은 계를 지킵니다. 다른 존재를 해치지 않고 돕기 위해 계에 맞게 행동하는 것은 보리심을 기르는 데 도움이 많이 됩니다. 또한, 양심의 가책 때문에 산란해지지 않도록 해 주어 명상에 도움을 줍니다. 계에 따라 행동하면 다른 이들과 부딪치는 일이 적어져서 자신감을 갖게 되고 평온함을 느끼게 될 것입니다. 계에 맞지 않는 행동은 불안과 부정적인 업을 만들게 될 것이고, 결국 수행에 걸림돌이 될 것입니다.

재가 수행자들이 지켜야 할 가장 일반적인 계는 열 가지 선하지 않은 행위를 하지 않는 것입니다. 열 가지 선하지 않은 행위는 몸으로 짓는 세 가지 선하지 않은 행위, 말로 짓는 네 가지 선하지 않은 행위, 마음으로 짓는 세 가지 선하지 않은 행위로 나뉩니다. 살생하지 말고, 도둑질하지 말며, 바르지 않은 음행(보통은 성적 행위로 남에게 해를 끼치는 것을 의미함)을 하지 말아야 합니다. 말에 대한 것으로는, 거짓말과 거친 말, 이간질하는 말을 삼가고 (소문과 험담을 포함하여) 의미 없는 잡담을 하지 말아야 합니다. 마음으로 짓는 선하지 않은 행위는 남에게 안 좋은 일이 생기기를 바라고, 탐심을 내고, 잘못된 견해(불교의 주요 가르침에 맞지 않는 견해)를 갖는 것이 포함됩니다. 이 열 가지 선하지 않은 행위를 하지 않는 것이 선한 행위를 수행하는 것입니다.

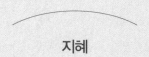

지혜

불교 가르침에서는 우리가 지혜와 자비라는 두 날개에 의지해 깨달음에 이른다고 말합니다. 불교에서 '지혜'는 개념적 사고를 통해 얻은 사실에 대한 지식을 뜻하는 말이 아닙니다. 불교에서 말하는 지혜는 개념적인 마음을 초월하며 현상의 본성을 직접 경험하는 것입니다. 지혜는 개념적인 마음을 초월하며 현실의 본성을 직접 경험하는 것입니다. 따라서 지혜의 경험은 말로 설명될 수 없으며 비유를 통해 암시될 뿐입니다. 다른 각도에서 보면 지혜는 마음의 가장 미세한 차원의 생각이며, 인식의 가장 미세한 차원의 생각일 수 있습니다.

티베트 불교 전통에서 깨달음에 이르는 문은 비어 있음에 대한 직접적이며, 개념적이지 않은 경험입니다. (이는 상좌부 불교의 가장 큰 목표이기도 합니다.) 비어 있음은 '드러남' 또는 '명징함'이라고도 하는, 현실로 표현된 모습과 나뉠 수 없게 결합되어 있습니다. 완전히 깨달은 분인 부처님의 지혜는 가장 넓은 것에서부터 가장 자세한 것에 이르기까지, 존재하는 모든 것에 대해 바로 안다는 의미로 모든 것을 아는 지혜라고 합니다. 진정한 앎을 가리던 장애가 모두 제거되었기 때문에 미래와 과거를 가리던 개념적인 장막도 사라진 것입니다. 물질계를 넘어선 것입니다. 다른 많은 '기적적인' 면들도 있습니다. 분명한 것은 이러한 지혜의 경험은 말로 하는 설명이나 묘사를 넘어서 있다는 것입니다.

티베트 불교 전통에서는 의식의 차원을 '거친(덩이진)'과 '섬세한(미세한)'이라는 용어로 설명합니다. 명상의 일반적인 목표는 깨달음으로 이끌어 주는 다양한 차원 안에서 개념적이지 않은 지혜를 경험하기 위하여 의식을 다듬는 것입니다. 이러한 의식 다듬기에는 주의력과 에너지와 쉼을 다듬는 것이 포함되어 있습니다.

직접 경험하여 알 수 있는 것 외에도 지혜가 늘고 있고 명상에 진전이 있다는 징후들이 있습니다. 어려운 상황에 처했을 때·부정적이거나 비참한 감정이 덜 생기는지, 다른 사람들과의 상호 작용에서 더 큰 조화를 이루고 자애와 자비가 늘어나는지, 내적인 평온함이 커지는지가 그 징후입니다.

비어 있음

비어 있음(공, 호)은 불교에서 특별히 중요한 주제입니다. 물론 다른 전통의 명상 수행에서도 비어 있음의 체험을 다루기는 하지만, 어디에서도 비어 있음에 대해 이토록 강조하거나 주의를 기울여 깊게 탐구하지는 않습니다. '비어 있음'에 대한 가장 기본적인 정의는 탐구하는 대상 안에는 원래부터 있는 고유한 실체가 없다는 것입니다. 물질적 대상이든, 마음이든, 성격이든 그 어떤 탐구 대상도 홀로 존재하지 않습니다. 주의 깊게 살펴보면, 하나의 대상은 독립적으로 존재하는 것이 아니라 서로 의존하여 존재함을 알 수 있습니다. 대상은 다른 현상에 의존하며, 관찰자의 조건 지어진 의식에 따라 나타납니다.

예를 들어, 제가 손에 테니스공을 들고 있다면, 지나가는 박쥐에게는 어떻게 보일까요? 새에게는요? 꿀벌에게는요? 아마도 제각각 다른 모습으로 보일 것입니다. 어떤 존재는 아무것도 감지하지 못할 수도 있습니다. 대상의 모습은 그것을 관찰하는 의식에 달려 있습니다. 더 나아가 인간의 의식으로 테니스공을 관찰해 보면, 공은 고무와 거친 섬유, 접착제와 안에 들어 있는 공기로 이루어진 것임을 알 수 있습니다. 물질을 좀 더 자세히 분석해 보면, 물질은 분자로 이루어져 있고, 분자는 원자로 이루어져 있습니다. 원자는 다시 아원자 입자로 나뉩니다. 하지만 현대 물리학은 아원자 입자가 실제로 무엇인지 알지 못합니다. (양자역학에서는 사용하는 측정 도구에 따라 나타나는 확률 정도로 아원자를 파악합니다. 측정 도구의 차이는 새의 눈이나 꿀벌의 눈, 아니면 박쥐가 사용하는 '초음파' 사이의 차이와 약간 비슷합니다.)

테니스공의 고유한 정체성은 비어 있습니다. 우리가 어떤 특징들의 모음에 '테니스공'이라 이름 붙이고 확실하고 견고한 존재가 있다고 여기는 것일 뿐입니다. 사실 그 어떤 '진짜' 테니스공도 찾을 수 없습니다. 하지만 대상이 비어 있다는 것은 그 대상이 없다는 뜻은 아닙니다. 대상이 나타나 있기 때문입니다. 대상은 존재합니다. 이를 부정하는 견해를 불교 전문 용어로 '단견(斷見)'이라 합니다. 또, 사물에 내재하는 실체가 존재한다고, '정말로 진짜로' 존재한다고 하는 견해는 '상견(常見)'이라고 합니다. 불교에서는 이 두 관점을 모두 극단이라고 하며, 잘못된 견해로 여깁니다.(『중론』게송에는 이런 구절이 있습니다. "'있다'고 하면 상견이다. '없다'고 하면 단견이다. 그러므로 명석한 자는 있음이나 없음에 의지하지 않아야 한다.")* 두 극단 사이의 중도(대상이 나타나므로 마음이 인식하고 이름 붙일 수 있는 존재가 있기는 하지만, 그것에 고유한 실체는 없음)는 현상에 대해 우리가 말할 수 있는 완벽한 진리에 해당합니다.

우리는 보통 단견과 상견의 양극단을 취합니다. 그렇게 길들여져 왔기 때문에 그렇습니다. 단견과 상견의 태도를 습관으로 만들었습니다. 하지만 비어 있음의 철학(중관, Mādhyamaka)을 통해 주의 깊게 검토해 보면 이런 믿음은 언제나 허물어집니다. 또한, 명상을 하면서 그것들의 비어 있음을 직접적으로 꿰뚫어 볼 수도 있습니다.(비어 있음은 조심스럽게 접근해야 합니다. 비어 있음을 없음으로 잘못 이해한다면, 아무런 결과가 생기지 않기 때문에 어떤 행동이든 할 수 있다고 믿을 수도 있기 때문입니다. 모든 것이 의미 없고 '무엇이든 상관없다'면, 성적인 욕망, 잔인함, 증오, 냉담 등에서 비롯된 부정적인 행동을 하지 않을 이유가 어디 있겠습니까? 하지만 불교에서 말하는 비어 있음의 뜻은 결코 이런 것이 아닙니다.)

---

* 『중론』제15품 10번 게송.

부처님께서는 또한 '무아'(산스크리트어: 안아트만, anātman)의 철학에 대해서도 가르치셨으며, 무아를 사람과 '바깥' 현상에 똑같이 적용하셨습니다. 이는 테니스공의 비유에서 말했던 것과 같이, 우리가 '나'라고 생각하는 인격체는 단지 서로 의지하여 일어난 부분들의 집합체에 우리가 스스로 '자기 자신' 혹은 '자아'라고 이름 붙인 것입니다. (자신을 구성하는 요소들을 부르는 이름들 가운데 흥미로운 이름 중 하나는 '일시적인 모임'이라는 말입니다.) 우리들의 인격체가 항상 변하고 있음을 알아채기는 매우 쉽습니다. 한순간에는 행복하다가도, 다음 순간에는 슬프고, 화나고, 혼란스럽고, 졸리기도 합니다. 이런 모든 다양성 뒤에 '진정한 자신'이 존재한다고 여기지만, 주의 깊게 분석해 보면 '장막 뒤에 있는' 그런 사람은 어디서도 찾을 수 없습니다. 하지만 그렇다고 해서 자신이 존재하지 않는 것은 아닙니다. 우리의 품성과 우리가 그 품성에 붙인 이름표인 '나'는 나타나 있습니다. 다만 우리가 그것들한테 있다고 여기는 견고함과 독립성이 없을 뿐입니다. 평소 우리가 자아라고 여기는 것을 꿰뚫어 보면, 진리와 자유를 만나게 됩니다.

환생과 카르마

이 명상 안내서에서는 이런 주제들을 간략하게 다루지만, '환생'과 '카르마'(karma, '행위'의 산스크리트어)를 제외하고서는 불교의 어떤 논의도 성립할 수가 없습니다. 불교에서는 한 존재의 환생은 지난 생에 얼마나 윤리적으로 살았는가, 영적으로 얼마나 발전했는가에 따른다고 봅니다. 환생하는 곳에는 여섯 가지 영역이 있습니다. 성냄과 증오의 결과로 환생하여 극심한 고통을 겪는 지옥 영역, 채워지지 않는 욕망과 인색함의 결과로 환생하는 아귀 영역, 무지와 어리석음으로 환생하는 축생 영역, 인간 영역, 질투가 지배하는 반신반인 영역, 아만(我慢)으로 가득 차고 수명이 긴 천신 영역이 있습니다. 이들 중 다섯 가지 영역은 각각 독이 되는 다섯 가지 마음인 성냄, 탐욕, 무지, 질투, 아만과 관련되어 있음을 눈여겨보세요. 정신적으로 성숙하기에 가장 좋은 곳인 인간 영역에는 독이 되는 다섯 가지 마음이 모두 섞여 있습니다.

카르마는 원인과 결과에 대한 이론입니다. 여러분이 선한 사람이라면 미래에 행복해질 것입니다. 선하지 않은 사람이라면 자신이 다른 이들에게 가했던 것과 비슷한 고통을 미래에 겪게 될 것입니다. 카르마가 단기적으로 작용하는 것은 쉽게 볼 수 있습니다. 만약 반려동물에게 잘못된 행동을 한다면 그 동물에게 물릴 수 있고, 다른 누군가에게 잘못된 행동을 한다면 원망을 살 수 있습니다. 상사를 모욕하면 바라던 승진이 안될 수도 있습니다. 불교의 카르마 이론은 무척 섬세하며, 카르마는 많은 생에 걸쳐 이어진다고 합니다. 우리가 지금 겪는 일은 영겁의 시간 동안 이전 생에서 쌓았던 선업과 악업의 결과입니다. (이는 카르마에 대한 일반적인 설명일 뿐입니다. 예를 들어, 윤회하는 것은 한 인격체나 기독교적 의미의 영혼이 아닙니다. 종종 '의식의 흐름'이라고 규정할 때도 있지만, 그런 개념 역시 너무 견고하게 규정하는 것이라고 하기도 합니다.)

환생이 믿기지 않는다면 현대 사회를 가득 채우고 있는 물질주의를 곰곰이 생각해 보세요. 증명되지 않은 물질 만능의 철학은 종교와도 같아서 환생을 부정하는 많은 믿음을 만들어 냅니다. 형이상학적 현상의 부재, 의식이 물질(즉 뇌)의 산물이라는 믿음, 뇌가 죽으면 의식이 사라진다는 믿음이 그에 포함됩니다. 하지만 역설적이게도, 최첨단 과학인 현대 물리학에서는 오늘날까지도 대중적인 사고에 영향을 많이 미치고 있는 19세기의 과학적 유물론을 이미 오래전에 버렸습니다. 물질과 에너지에 대한 오늘날의 과학적 견해를, 한 세기 전에 살았던 과학자들은 '형이상학적'이라고 설명했을 것입니다. 현대 신경 과학에서는 자각하는 의식은 측정할 수도, 제대로 밝혀낼 수도 없다고 인정하였습니다.

사실 환생을 증명할 수 있는 간단명료한 일련의 과학적 증거들이 있습니다. 버지니아 의과대학의 정신의학과장이었던 이안 스티븐슨 박사(Dr. Ian Stevenson)는 자신의 저서 『환생과 생물학이 교차하는 곳(Where Reincarnation and Biology Intersect)』에 전생의 기억에 대한 오랜 시간에 걸친 철저하고 체계적인 연구를 요약해 담았습니다. 그의 연구는 제자인 짐 터커 박사(Dr. Jim Tucker)에 의해 계승되었습니다. 그들은 철저하게 과학적인 방법으로 연구했으며, 주장은 명쾌했고 논거는 설득력이 있었습니다. 그렇지만 과학계는 그들의 연구에 대해 토론하기는커녕 과학적 유물론을 독단적으로 고수하느라 환생에 대한 연구 성과를 무시해 버렸습니다.

전통적인 통찰 명상

상좌부 전통에서는 샤마타 수행으로 얻은 선명하고 안정된 집중을 기반으로 하여 안팎으로 감지되는 모든 대상을 관찰함으로써 대상의 고유한 존재가 비어 있음을 인식합니다. 모든 방법으로 노력하여 비어 있음의 지혜를 스스로 익히는 것입니다. 이에 대한 많은 접근법 중에 마음 챙김의 네 가지 대상에 대한 명상과 『염처경(Satipṭṭhāna Sutta)』이 있습니다. 마음 챙김의 네 가지 대상에 대한 명상에서는, (마음 챙김을 하면서) 몸, 느낌, 마음, 현상에 대한 생각과 지각을 면밀히 질문하고 탐구합니다. 『염처경』을 안내서로 삼아 명상할 때는, 앞에서와 비슷하게 몸,

마음, 느낌, 장애, 오온, 감각 영역, 깨달음의 요소, 네 가지 성스러운 진리에 대해 탐구합니다. 그렇게 하여 우리는 윤회의 기반이 되는, 평소에 보던 것처럼 현상을 보는 방식인 현상에 대한 집착에서 완벽하게 벗어나게 됩니다. 그러니 통찰 명상은 해방되기 위한 연습입니다. 이 책에서 설명된 내용을 통해 알 수 있듯이, 통찰 명상은 다소 형식을 따르는, 체계적인 명상 방법입니다. 이 수행은 역사상의 부처님이신 석가모니께서도 직접 수행하시고 가르치신 내용입니다.

여섯 바라밀

명칭을 직접 언급하지는 않았지만, 앞의 네 장에서 불교의 중요한 수행 중 하나인 여섯 바라밀(산스크리트어: 파라미타, pāramitā)에 대해 이미 다루었습니다. 여섯 바라밀은 보시, 지계, 인욕, 정진, 선정, 지혜입니다. 살아가면서 기쁜 마음으로 여섯 바라밀을 계속하여 행하는 것은 불성을 향해 가는 길의 중요한 부분입니다. 보시는 이 책에서 우리가 계속해서 이야기해 온, 깊은 마음을 열어 주는 데 도움이 됩니다. 지계는 수행의 기초를 튼튼하게 해 줍니다. 인욕은 기대하기 때문에 생기는 걱정을 피하게 해 주어 다른 존재에게 너그러워지게 해 주며, 쉼의 형태에도 도움이 됩니다. 정진은 기쁜 마음으로 우리를 계속 나아가게 합니다. 샤마타로 다듬어진 명상의 집중력은 마음을 길들이고 예리하게 하여 지혜를 경험할 수 있도록 합니다.

여섯 바라밀을 이원적이지 않은 방식으로 수행하면 여섯 가지 '초월적인' 바라밀이 됩니다. 여기에는 비어 있음이 포함됩니다. 예를 들어, 보시 수행을 할 때 비어 있음에 대한 깨달음은 보시하는 자라고 하는,

구분되거나 독립된 어떤 존재도 없음을 드러내 보입니다. 마찬가지로 보시하는 행위와 보시하는 대상 또한 명백하게 실제로 존재하지 않음을 드러내 보입니다. 모두 서로 의존하여 연결되어 있고 정체성이 비어 있습니다. 보시를 행하는 자도 실재하지 않으며, 보시하는 행위도 실재하지 않으며, 보시를 받는 자도 실재하지 않습니다.

실제로 행하는 자도 없고, 실제 행위도 없으며, 실제로 받는 자도 없습니다. 부처님께서 언젠가 말씀하셨습니다. "나의 꿈과 같은 형상은 꿈과 같은 존재에게 나타나 꿈과 같은 길을 보여 주고 꿈과 같은 깨달음으로 이끌기 위한 것이다." 비이원성에 대한 깨달음은 다음에 나올 세 가지 명상법인, 대승, 금강승, 족첸의 명상법에서 주요하게 다루는 주제들입니다.

제2부

「시작하는 글」에서 언급했듯이, 불교 상좌부 전통에서 온 앞의 네 가지 명상은 주로 마음을 쉬게 하고 집중하게 하도록 훈련하는 명상이었습니다. 제2부에 등장하는 다섯 번째, 여섯 번째, 일곱 번째 명상을 이해하고 안정적으로 수행하기 위해서는 제1부의 명상들이 중요합니다. 사실 제1부의 마지막 명상인 통찰 명상과 제2부를 여는 깊은 마음 열기 명상은 밀접한 관련이 있습니다. 두 명상의 목표는 우리의 정신과 감정이 습관적으로 반복하는 산란함에서 벗어나, 비어 있음의 중요성을 인식하는 지혜를 경험하도록 열려 있게 하는 것입니다. 하지만 이 두 명상법에는 차이점도 있습니다. 통찰 명상에서는 안팎으로 나타나는 것의 본성을 보는 데 집중하면서, 그것들이 나타나면 쉬는 통찰 안에서 모든 현상이 비어 있음을 경험하는, 상대적으로 선별적이고 좁은 접근 방식을 취합니다. 반면, 깊은 마음 열기 명상의 목표는 모든 경계와 구분을 무너뜨리는 것입니다. 모든 존재를 자비로 포용하고 모든 현상이 서로 의존하여 존재한다는 것을 직접적으로 이해함으로써 모든 현상이 비어 있음을 깨닫는 드넓은 공평함으로 열리는 것입니다.

제1부에 나왔던 명상에 익숙해졌다면, 앞으로 다룰 세 가지 명상의 지침과 설명도 잘 이해할 수 있을 것이고, 더 섬세하고 더 잘 드러나는 쉼을 경험할 수 있을 것입니다. 제2부의 명상은 제1부에서 들어 봤던 열림, 광활함, 쉼, 에너지, 현존, 영감 등에 대한 지침과 비슷해 보이는 지침들을 더 명확하게 느끼게 될 것이고, 그 위에 한 차원이 더해질 것입니다.

깊은 마음 열기 명상

안팎을 더 넓게 바라보기

　일반적으로 이 다섯 번째 명상에는 세 가지 차원이 있습니다. 먼저, 물리적 세계인 바깥과 관련된 차원이 있습니다. 유연하고 열린 방법으로 목표를 성취하고 행동하려면 어떻게 해야 할까요? 열려 있음을 일상의 많은 상황들에 어떻게 적용할 수 있을까요? 다음으로 인간을 비롯해 모든 존재가 다뤄야 하는 내적 차원이 있습니다. 우리가 보지 못할 수도 있지만, 누구에게나 마음을 스트레스와 긴장 상태로 몰아넣는 정신적으로 힘들고 어려운 일들이 있습니다. 어떻게 해야 자유와 열림의 느낌을 마음의 내면으로 가져올 수 있을까요? 지금 당장 열린 마음으로 바깥 세계를 대하기가 너무 어렵다면, 마음의 긴장을 줄여 가며 차츰차츰 조금씩 변화할 수 있을 것입니다. 세 번째 차원은 개념적인 마음 너머에 있는, 가장 깊은 내면의 열림인 긍정적 지각입니다. 여기서 우리는 걱정과 염려로부터 마음을 완전히 자유롭게 해 줄 것입니다. 이는 정말 좋은 기회가 됩니다. 왜냐하면 우리가 여러 방법으로 세세한 부분에 주의를 기울여야 하는 일상의 활동을 쉬고 있을 때도 윤회의 방식이 마음에 투영되어 우리의 시야를 좁게 만들기 때문입니다. 하지만 가장 깊은 내적인 차원에서 우리는 완전히 열릴 수 있습니다.

　명상을 무언가 다른 것을 하려는 것, 뭔가 다른 것이 되고자 하는 것으로 볼 수 있습니다. 그렇지만 명상은 그런 것이 아닙니다. 우리가 정말로 하고자 하는 것은 원래 그대로 있는 것입니다. 무언가 다른 것이 되려는 것이 아니라, 마음의 참된 본성을 발견하는 것입니다. 하지만 우리는 종종 생각과 감정을 바라보며 씨름하고, 우리 마음의 본성이 생각과 감정 사이 어딘가에 있다고 생각합니다. 그렇지만 불교 가르침에 따르면 마음의 참된 본성은 이런 산란함을 넘어선 것입니다. 마음의 본성은 매우 크고, 넓고, 순수합니다. 우리에게는 우리의 참된 본성과 열림과 연결되면 "정말 익숙한 느낌이야. 이게 방해받지 않는 마음 상태구나."라며 알아볼 수 있는 엄청난 잠재력이 있습니다. 직감적으로 압니다, 집에 있다는 것을.

열린 마음이란?

이 명상은 가슴과 마음의 광대하고 넓은 열림과 큰 휴식, 모든 존재를 향한 자애와 자비심이 있는 차원인 대승 불교의 관점을 가지고 있습니다. 우리 주위를 둘러싼 모든 것은 그냥 그 자체로서 존재합니다. 우리도 그 가운데 하나이며, 명상의 드넓은 관점으로 보면 좋을 것도, 나쁠 것도 없습니다. 이런 관점은 자신과 다른 존재에게 해로운 행동을 하게 하는, 우리가 항상 알아차리고 조심하고 피해야 하는 치우침을 줄여 줍니다. 우리는 주변 환경과 존재를 더 잘 받아들이게 되고 더 만족스러워하게 됩니다. 그것이 바로 열림입니다. 『보살의 행에 들어감』에 이런 말이 있습니다. "세상이 존재하는 한, 중생들이 고통을 겪는 한, 나도 그날까지 머무르며 모든 중생의 고난을 없애게 되기를!"*

때로는 "이건 나에게 맞지 않아."라고 하며 마음을 열 수 없을 것처럼 느낄 수도 있습니다. 하지만 우리는 기꺼이 용기를 내야 합니다. 가구를 예로 들어 보겠습니다. 정말 훌륭하고 아름다운 가구가 있는데 그걸 작은 집이나 방 안에 두고 있을 수 있죠. 좀 곤란할 겁니다. 왜 그럴까요? 한정된 공간은 정교하고 아름다운 가구를 사용하고 진열하기에 충분하

---

* 샨티데바, 『보살의 행에 들어감』, 제10품 55번 게송.

지 않은 데다 위험하기까지 할 수도 있기 때문입니다. 혹시라도 가구에 부딪쳐 날카로운 모서리에 다치지 않으려면 모서리 보호대를 붙여야 할지도 모릅니다. 마음을 닫은 채로, 자아에 집착하고 매달리는 마음 가운데 하나인 자기를 소중히 여기는 마음을 유지하는 것과 매우 흡사합니다. 생각과 감정은 서로가 서로를 들이받으며 자주 충돌합니다. 명상하다 보면 몸에 밴 습관적 경향성 때문에 마음이 불안해지거나 닫혀 버릴 때가 있는데, 그렇더라도 낙담하거나 마음에게 화내지 마시고 편안하고 부드럽게 대해 주세요. 그 불안한 마음에 자애와 자비를 보내 주세요. 이것이 마음이라는 야생마를 길들이는 능숙한 방법입니다. 저항이나 어려움을 더 만들어 내지 않으려면 온화해야 합니다.

　마음을 활짝 열고 더 널찍한 마음을 가지면, 생각과 감정이 나타나도 우리를 귀찮게 하거나 방해하지 않습니다. 명상 중에 우리가 경험하는 모든 것들도 마찬가지입니다. 옆에 앉은 사람이 코를 골 수도 있고 전화 소리나 비행기 소리가 들릴 수도 있습니다. 짜증이 나서 "그만해!"라고 생각할 수도 있습니다. 이런 여러 상황에서 우리는 열려 있고 이 상황들을 품을 수 있어야 합니다. 모든 것에 열릴 수 있게 되면, 아주 다른 무언가를 경험하게 될 것입니다.

　이 지점이 바로 우리 마음의 자세에 따라 실제로 달라지는 부분입니다. 마음이 적극성과 열림과 영감을 가진 만족스럽고 행복한 상태라면, 명상 중에 들리는 기괴한 소리조차 즐겁게 들릴 것입니다. 현상을 받아들이는 정신적인 태도에 따라 다른 경험을 하게 되는 것을 보여 주는 과학적 연구 사례들도 있습니다. 그러니 대개 진지한 명상에 좋지 않다고 여기는 느낌, 경험, 감정, 생각들을 모두 받아들이도록 하세요. 모든 것에 열리도록 하세요. 이 열림에는 진정한 쉼의 본성이 있습니다.

　모든 것을 받아들이는 것은 명상이 아닌, 그저 평범한 경험이 될 것이라고 걱정할 수 있습니다. 하지만 우리가 평소에 이런 것들을 경험할 때는 열려 있는 상태가 아닙니다. 열린 상태로 모든 것을 받아들이는 것을 연습하기 위해 자연 속에서 명상 수행을 해 볼 수도 있습니다. 바다로, 산으로, 아름다운 폭포로 가는 겁니다. 우리는 그런 환경 속에서 열리게 되고, 우리가 안팎으로 경험하는 모든 것들은 광활하고 조화롭습니다. 가구를 놓아둘 넓게 열린 공간을 갖는 것과 비슷합니다. 안팎의 환경이 서로 연결되고 어우러지도록 넓게 열어 둡니다. 환경에 맞서 버티지 않고 넓게 열려 있습니다.

어떤 것들에는 어느 정도 열려 있는 것도 같지만, 또 다른 것들에는 열려 있지 않다고 느낄 수도 있습니다. 자비심을 닦을 때 특정한 누군가에게는 마음이 열리지만, 모두에게 마음이 활짝 열리지는 않기도 합니다. 깊은 마음 열기 명상에서는 그런 긴장과 편향성을 붙잡고 있어서는 안 됩니다. 그저 모든 것들을 수용하도록 마음을 여세요. 그러한 열림의 경험은, 놀랄 만큼 다른 느낌과 집중을 가져다주는 위대한 영감을 받을 수 있습니다. 그러니 멋지고 좋은 경험이든 불쾌한 경험이든, 어떤 경험을 하든 그저 열려 있으려 해 보세요.

우리는 보통 경험에 '좋은' 혹은 '나쁜' 경험이라는 꼬리표를 붙입니다. 열려 있는 명상은 모든 것을 편견 없이, 너무 많이 판단하지 않고 경험하는 것을 의미합니다. 꼬리표를 붙이는 것 같은 힘든 일은 하지 않고, 우리는 그저 자유로워져서 넓게 열려 있도록 합니다.

보리심: 자비와 자애

열린 마음은 집착과 자아 집착(즉, 자아와 자아의 반복적인 형태에서 생겨난 집착) 대신 무한한 평등심을 가져다줍니다. 이런 열림의 경험 안에서 쉬는 것은 자애와 자비를 담고 있는 마음의 본질(마음의 본성, 깨어 있는 상태 등과 동의어)입니다. 보리심을 일으키기 위해 어떤 대상을 활용할 수도 있지만, 꼭 필요한 것은 아닙니다. 이제는 실제로 연결되는 어떤 대상이 필요하지 않습니다. 열린 마음으로 안팎을 어우러지게 하는 것이 대상이며 목표입니다. 소리, 시각, 느낌을 포함한 모든 것이 완전히 열리고 연결되어 통합됩니다. 안과 밖(자기 자신과 다른 존재) 사이의 경계를 붙들고 있지 마세요. 대신 자신과 다른 이들 사이에서 붙들어 온 자아 집착을 향해 무한한 평등심을 보내 보세요.

열림을 통해 궁극적 관점(일곱 번째 명상의 주제인 족첸의 관점)으로 명상을 하게 될 때에는 그 배경에 자신과 다른 이들을 위하는 마음이 있습니다. 우리는 마음을 더 많이 챙기게 되고 자비와 자애의 품성과 더 많이 연결됩니다. 따라서 이 열림은 사랑과 자비를 위한 매우 강력한 환경입니다. 마음이 매우 집중되어 무척 섬세해질 때면, 우리는 자애와 자비의 핵심인 지혜와 명징함에 연결되어야 합니다. 자비로운 태도와 동기는 모든 존재를 무한히 껴안는 열림을 가져다줍니다. 어떻게 그렇게 할 수 있는지에 대해 시인 루미(Rumi)는 이렇게 말하였습니다. "그대가 해야 할 일은 사랑을 찾는 것이 아닙니다. 단지 사랑을 등지고 쌓아 온 그대 내면의 장벽을 모두 찾아 확인하는 것일 뿐."

기대와 두려움

이렇게 해야만 한다든가 이렇게 하지 말아야 한다든가 하는 생각에 묶여 있을 때, 깊은 마음 열기 명상이 도움이 되기도 합니다. 이러저러한 일은 일어나기를 기대하고, 다른 이러저러한 일은 피하려고 하기 때문에 우리는 기대와 두려움을 갖게 됩니다. 이것이 마음의 본성에 도움이 되는 일인지 잘 들여다보고 물어본다면, 답은 정말 확실합니다. "그다지 도움 되지 않습니다." 그렇다면 왜 이런 일이 생길까요? 다시 한번 말하지만, 그것은 습관입니다. 우리가 거기에 익숙한 것입니다. 이게 자연스러운 것이라고, 본래 그렇게 태어났다고 생각할 수도 있습니다. 하지만 부처님의 가르침인 다르마에 근거한 마음의 본성이라는 관점으로 보면, 그 누구도 기대와 두려움이라는 기질을 지니고 태어나지는 않았다고 합니다. 오히려 우리는 모두 깊은 마음과 광활함이라는 본성을 지니고 태어났습니다.

그러니 깊은 마음 열기 명상에서는 기대와 두려움에 대한 생각과 함께 쉬도록 합니다. 기대와 두려움을 환영합니다. 열린 마음이 기대와 두려움을 완전히 없애 주지 못할 수도 있습니다. 생각과 관념이 여전히 나타나며 "이건 이래선 안 돼."라든가 "이건 이래야 해."라고 말할 수도 있습니다만, 그런 생각이 오도록 그냥 내버려두세요. 그것은 관념입니다. 열린 마음은 미소 짓거나 찡그리는 두 얼굴을 만들지 않고 '그냥 오도록 두는 것'입니다. 불안한 태도를 갖기보다는 무엇보다도 평정심으로 마음과 생각에서 무슨 일이 일어나고 있는지 제대로 느끼고, 그 순간 즉 그 공간을 온전히 느끼도록 가만히 두는 인내심을 가지기 바랍니다.

인내와 열린 마음

열림은 인내와 관련이 많습니다. 어떤 상황이 벌어지더라도 현재에 있으며 안팎의 상황에 사로잡히지 않아야 합니다. 빠뚤 린포체(Patrul Rinpoche, 티베트 동부 캄 지역에서 명망과 덕망이 높은 19세기 족첸 스승)께서는 문제가 생기기 전까지는 결코 진정한 인내심을 가질 수 없다고 말씀하셨습니다. 스스로 인내심이 있다고 생각하고 있을 수도 있지만, 나에게 정말 어느 정도의 인내심이 있는지는 문제가 생겨야 비로소 알 수 있습니다. 교통 체증이 심한 시간대에 운전한다고 생각해 보세요. 마음은 너무나 쉽게 불안해집니다. 누군가 여러분을 방해했을 때나 실수를 저질렀을 때를 떠올려 보세요. 그럴 때가 인내심을 훈련할 수 있는 때입니다. 그러니 쉬운 상황에서만 열려 있으면 안 됩니다. 어떤 상황에 놓이더라도 똑같이 열려 있어야 합니다. 그래야 현재에 머무를 수 있으며, 처한 상황에 휘둘리지 않을 수 있습니다. 마음이 고요할 수 있고 방해받지 않을 수 있습니다. 우리는 그것을 '열린 마음'이라 합니다.

물론 명상실에 앉아 마음을 여는 것은 더 쉽습니다. 명상실에서 우리는 안전합니다. 운전 중도 아니고 고된 업무에 시달리고 있지도 않으니, 두려워하거나 마음이 자유롭게 쉬도록 내버려두지 않을 이유가 없습니다. 가슴과 마음의 깊이를 느끼기에도 좋고, 이런 마음을 가끔은 일상생활에서 적용할 수 있을지 자신에게 물어보기에도 좋은 시간입니다. 우리는 일상생활에서 열림을 실천하도록 이끌어 줄 영감과 에너지를 조금씩 조금씩 더 받을 수 있을 것입니다. 하지만 방석 위에 앉아서 경험하는 것만으로 열린 마음을 이미 안다고 생각하면 더 나아가지 못할 수 있습니다. 이 명상이 마음에도 굉장히 도움이 되고, 근육을 이완시켜 뇌와 몸을 쉬게 하는 데도 엄청나게 도움이 되는 것은 사실입니다. 하지만 여

다섯 번째 명상_ 깊은 마음 열기 명상

기서 제가 말씀드리는 열림은 에너지와 일상생활 모두에 훨씬 더 크게 영향을 주는 열림입니다. 이런 관점에서 본다면, 깊은 마음 열기 명상은 앉아서만 하는 것이 아닙니다. 명상의 모든 기본 구조와 에너지를 일상으로 가져와야 합니다.

수행 지침

　한 사람의 깊은 마음은 태양과 같습니다. 타고난 인지력과 밝고 환한 품성이 있기 때문입니다. 깊은 마음은 그 사람의 마음의 지혜이자 열린 견해의 명징함인, 엄청난 열린 공간을 드러냅니다. 그 안은 따스하며, 그 따스함은 바로 자비심입니다. 자비심은 모든 살아 있는 존재를 살아가게 하는 핵심입니다. 자비심은 화합을 일으키고 모두를 생동감 넘치게 하고 따스하게 만드는 에너지를 줍니다. 그러니 자기 자신의 인식에 나타나는 빛은 바로 자비심입니다. 열린 마음으로 있는 데에는 어떠한 노력도 필요하지 않습니다. 그 순간에 머무르며 일어나는 그대로 두면 됩니다.

　가끔 다른 사람들과 명상실에서 함께 수행하면서도 마음이 여전히 바쁘고 어딘가에 매여 있어 기대와 두려움, 불안을 느낄 때가 있습니다. 그때가 바로 그런 것들을 보내 주고 풀어 주며, 내 마음을 활짝 열어 볼 더없이 좋은 기회인 것입니다. 우리가 마음을 열려고 하지 않으면, 밖에 있을 때나 안에 있을 때나, 일할 때나 놀 때나 상관없이 어디를 가든 에너지나 마음이 긴장하여 생기는 증상이 우리를 따라다닐 것입니다. 그것으로부터 도망칠 방도는 정말 어디에도 없습니다. 자신의 마음과 마음이 만들어 내는 모습(습관적 경향성)이 존재할 뿐, 다른 것은 아무것도 없습니다. 우리 존재 안에 있는, 진정으로 쉬는 본성을 찾기 위해서는 마음을 있는 그대로 두기만 하면 됩니다. 그렇게 하면 이런 상황들이 더 이상 그렇게 많이 불안하지도 두렵지도 않을 것입니다. 열림이 우리 마음과 생각의 본성을 볼 수 있게 함을 조금이라도 알게 되면, 분명히 그렇게 될 것입니다.

　눈은 뜨고 있어도 좋고 감고 있어도 좋습니다. 눈을 뜨기로 마음먹었다면 자신 앞의 어떤 대상에 시선을 두세요. 시선은 대상 바로 위에 두는 것이 아니라 자신과 대상 사이 공간, 대상과 가까운 어딘가에 둡니다. 너무 멀리 올려다보거나 내려다보지 마세요. 정면을 바라봅니다. 이렇게 하면 에너지가 너무 흥분되지도 않고 둔하고 졸리지도 않아 깨어 있는 데 도움이 됩니다.

명상을 시작하면서 '옴, 아, 훙' 세 음절을 소리 내어 염송합니다. '옴'은 몸이며, 몸 에너지의 중심인 차크라는 머리 부분에 있습니다. '아'는 말이며, 말 에너지의 중심인 차크라는 목에 있습니다. '훙'은 깊은 마음이며, 깊은 마음 에너지의 중심인 차크라는 가슴 한가운데에 있습니다.

열린 마음은 몸과 말과 마음의 열림도 포함합니다. 몸과 말과 마음이 열려 있다는 것은 이완되어 있다는 뜻입니다. 몸과 말과 마음 모두 쉬고 있습니다. 어떤 긴장도, 울타리도, 경계도 없습니다. 우리는 정말로 해방되어 있습니다. 몸과 말과 마음이 함께하는 완전함을 느껴 보세요. 온전한 집중과 나라는 존재 전체의 충만감을 느껴 보세요. 이 세 음절을 염송하면서 에너지가 있는 부위와 연결되고, 명상을 위한 영감을 받게 됩니다. 그런 뒤에 그것들은 모두 전혀 분리되지 않은 것처럼 됩니다.

수행을 위한 조언

- 모든 것을 명상을 위한 기회로 삼아 보세요. 그렇게 주변의 모든 환경과 존재들이 명상의 일부가 되고 명상 에너지가 되면, 우리는 그 어떤 것도 분리되지 않았음을 느낍니다.
- 이번 명상에서는 무엇을 보고, 무엇을 듣고, 무엇을 경험하든지 그저 열린 경험이 되게 가만히 두세요.
- 열림과 함께 쉬세요.
- 안과 밖을 구분하지 말고 모두 느끼세요. '좋다'거나 '나쁘다'거나 '잘 모르겠다' 같은 것은 중요하지 않습니다.
- 판단하지 마세요. 모든 것에 열리도록 하세요.
- 반드시 몸이 쉬고 있도록 해 주세요. 쉬고 있도록 열어 주세요. 쉬고 있는 마음을 경험할 수 있도록 자신을 열어 두세요.
- 열려서 쉬세요.

질문과 답

Q 열림을 평소 생활에 적용하는 것에 대해 말씀하셨습니다. 집에서 명상할 때는 열려 있을 수도 있을 것 같지만, 일상에서, 특히 직장에서 이런 열림이 어떻게 도움이 되는지 잘 모르겠습니다. 직장은 경쟁이 심한 곳입니다. 만약 제가 항상 열려 있는 편안한 상태라면, 자주 발생하는 대인 관계 문제에서 무방비 상태가 될 것 같습니다.

A 열림은 모든 힘과 자율성을 다른 이들에게 모두 넘겨주는 것이 아닙니다. 그렇다기보다 오히려 반대로, 우리가 처한 상황에서 다른 사람들과 긍정적으로 일하기 위해서 더 큰 방법으로 온 우주를 향해 열려 있는 것입니다. 다른 말로 하자면, 두려움을 덜 느끼고 더 멋지게 집중할 수 있는, 훨씬 더 넓고 광활한 환경을 제공해 주는 열린 깊은 마음으로 우리가 세상을 대해야 한다는 뜻입니다.

Q 회사 일을 하다가 어떤 직원이 사장인 제가 내린 결정에 대해 이의를 제기할 때, 갈등이 걷잡을 수 없이 커지지 않도록 열린 방법으로 해결하려면 어떻게 해야 할까요?

A 그런 상황에서도 강요하거나 적대감을 표출하지 않고, 편안하게 마음을 열고 그 사람과 관계를 맺을 수 있습니다. 질문하신 분의 쉼의 에너지가 다른 분에게도 영향을 주어 상대를 훨씬 고요하게 만들고 있음을 보게 될 것입니다. 이런 방법으로 상황에 대처한다면 언제나 완전히 성공하지는 않더라도 이전보다는 스트레스를 덜 받게 될 것입니다. 이것이 열림의 힘입니다.

Q   과거에 다른 이들로부터 자주 상처 입었기 때문에 저를 아끼는 마음을 내려놓기가 정말 어렵습니다. 저 자신을 보호하고 지키려는 습관적 경향을 어떻게 내려놓을 수 있을까요?

A   이 질문은 명상에 대한 구체적인 내용이라기보다는 일상에 대한 내용입니다. 여기에 적용해 볼 수 있는 수행 방법은 많이 있습니다. 그중 하나는 똥렌(གཏོང་ལེན, 마음 수련의 한 형태)이라고 하는 티베트 불교 수행으로, '자신과 다른 사람을 바꾸어 보는' 수행입니다. 이 수행의 기본은 숨을 들이쉴 때는 다른 이들의 부정성과 어려움을 모두 들이마시고, 숨을 내쉴 때는 다른 이들을 향해 행복감과 긍정성을 내보내면 됩니다. 이 수행을 오래 계속하다 보면 어느 시점에는 자기 자신과 다른 이들의 가치를 더욱더 동등하게 느끼는 상태인, 치우치지 않은 평등심을 경험하게 됩니다. 자기를 소중히 여기고 자아에 집착하는 경향이 줄어들고, 자신과 다른 이들을 향한 따뜻한 마음을 아주 자연스럽게 표현하게 될 것입니다.

여섯 번째 명상

순수한 마음 명상

순수한, 깨달은 본성의 경험

앞서 우리는 바깥과 안의 세계가 분리되지도 않고, 경계도 없이 연결되게 해 주는 깊은 마음 열기 명상을 배웠습니다. 깊은 마음 열기 명상은 마음에 어떤 기준이나 한계나 틀을 두지 않음으로써 우리의 인식과 연결감이 드넓게 열려 있는 광활함을 경험하게 해 줍니다. 깊은 마음 열기 명상에서는 안팎으로 감지되는 모든 것들이 더 이상 명상에 방해가 되지 않고 오히려 도움이 됩니다. 스승 띨로빠*께서 당신의 제자 나로빠**에게 말씀하셨습니다. "아들아, 너를 속박하는 것은 나타나는 것들이 아니라, 붙듦이다. 너의 집착을 끊어 내도록 하여라."***

순수한 마음 명상은 깊은 마음 열기 명상과 비슷하지만, 여기서는 좀더 나아가 마음을 더 열고 이원성 사이에서 조화롭고 치우치지 않는 균형을 이루어 볼 것입니다. 우리의 본성과 마음을 정말로 깊이 들여다볼 때면 우리는 본래 그대로인 엄청난 연결을 느끼게 됩니다. 모든 것이 하나인 상태로 보입니다. 그런 느낌이 들면 우리의 가슴과 우리 존재 전체가 믿을 수 없을 정도로 광활하게 확장되었음을 느끼게 됩니다.

순수한 인식은 내 안과 바깥의 상태에 특별하고 비밀스러운(길들여지고 습관이 된 시선으로 봤을 때 '비밀스럽다'는 뜻) 의미를 부여합니다. 심지어 '부정적인' 것들이 올라와도 변형이 일어납니다. 변형은 금강승의 핵심입니다. 일어나는 현상을 위협적인 것으로 보지 않으면, 그 현상

---

* 띨로빠(Tilopa, 988~1069), 인도 벵갈 지역의 왕자로 태어났다. 무상요가탄트라(anuttarayogatantra)를 수행하였으며, 나로빠의 스승이다. '띨로빠의 여섯 가지 가르침'으로 잘 알려져 있다. - 역자 주

** 나로빠(Naropa, 1016~1100?), 인도 불교의 대성취자로 인도 날란다대학의 총장이었다. 금강승 무상요가탄트라를 완성할 수 있는 '나로 6요가' 수행법을 성취하였다. - 역자 주

*** Adam Pearcey(2008), 『어록 전서(A Compendium of Quotations)』 6th ed., Lotsawa School, 92쪽.

은 자유롭게 해방됩니다. 이렇게 되면 바로 그 순간에 우리의 깊은 마음이 모든 것을 아우르도록 확장됨을 느낄 수 있습니다. 단도직입적으로 말하자면, 우리의 깊은 마음의 본성은 아주 순수하고, 무척 청정하며, 대단히 광활하기 때문에 정말로 한계가 없습니다.

그렇지만 언제나 그런 상태에 머무는 것은 쉬운 일이 아닙니다. 순수한 마음 명상의 목표는 틀에 짜여 있지 않은 마음, 꾸며 내지 않은 마음의 순수한 본성을 더욱더 많이 느낌으로써 이원성에 대해 균형 잡힌 견해를 갖추는 것입니다. 그러나 우리는 스스로 우리의 경험에 한계를 짓습니다. 우리는 습관 때문에 한쪽으로 치우치거나 주체와 객체, 좋고 나쁨, 나와 너(또는 그들), 내 세상과 바깥세상, 옳고 그름 등의 이원성에 집착하곤 합니다. 이러한 치우침으로 인해 끝없이 꼬리표를 붙이게 됩니다. 그러나 자세히 살펴보면, 그런 것들은 대부분 필요도 없고 쓸모도 없음을 알 수 있습니다. 열려 있는 순수한 시야를 방해하는 이러한 집착에는 미세한 집착도 있고 거친 집착도 있습니다. 모든 것이 좋고 명상이 잘되고 있을 때도 우리의 시야를 한계 짓는 미세한 두려움을 갖고 있을 수 있습니다. 그러나 미세한 두려움을 자세히 들여다보면, 그런 두려움은 진짜가 아님을 알게 됩니다. 그 두려움에는 실체라고 할 만한 것이 없습니다.

이런 두려움들은 우리가 살면서 부모님이나 선생님, 선배들에게 경고 받았던 경험이 쌓여 습관이 되어 만들어진 것입니다. 우리는 "이 사람이 진심일까? 아니면 저 말과 행동 뒤에 다른 속셈이 있는 건 아닐까?" 하고 걱정합니다. 더 미세한 차원에서는 가령, 어린 시절에 우리를 지배하는 힘에 대한 두려움을 갖게 되면 성인이 되고 나서도 자기도 모르게 권위자에 대한 두려움을 품게 될 수도 있습니다. 언제나 그다지 쓸모도 없는 이런 생각들이 우리의 영적인 길과 영적 수행을 침범할 수 있습니다. 그대로 내버려두는 것은 우리의 지혜나 지성을 제대로 사용하는 것이 아닙니다. 이럴 경우에는 스스로에게 "내가 왜 두려움과 순수하지 않은 인식을 붙들고 시간을 보내고 있지?" 하고 물어보는 것이 현명합니다. 대상을 볼 때에는 우리의 정신 상태를 반영하여 두려움으로 물들여서 그 대상을 보기보다는, 원래 있는 색 그대로 보는 것이 더 좋습니다. '진실하지 않은 사람'이나 '권위자'는 그저 우리와 같은 존재일 뿐입니다. 행복을 추구하는, 우리와 가까운 친구가 될지도 모르는 사람입니다. (그럴지도 모르지요. 누가 알겠습니까?)

그것을 제대로 보기 위해서는 우리가 왜 이런 두려움과 불안을 붙들고 있는지 우리 마음을 자세히 살펴보아야 합니다. 그런 다음 두려움과 불안을 줄이도록 훈련해야 합니다. 편안하고 열려 있는 상태로, 일어나는 모든 현상을 마주할 수 있으면 모든 것이 변합니다. 가짜 색은 엷어지기 시작하고, 우리는 현상을 순수하게 있는 그대로 보게 됩니다. 가짜 색을 완전히 지우기가 쉽지는 않겠지만, 우리는 결국 더 나아질 것이고, 마침내 완전한 변형이 일어날 것입니다. 염원을 마음에 품고 천천히 인내심을 가지고 나아간다면 마침내 목표를 이룰 것입니다.

우리에게 가장 필요한 것은 믿음입니다. 정말로 깊이 연결될 수 있는 마음의 기량을 믿으세요. 우리가 추구하는 순수함은 '순수함' 대 '순수하지 않음' 같은 것이 아닙니다. 서로 반대되는 이 두 가지가 우리 마음에 떠오르면, '순수한 것'을 바라거나 잡으려 하지도 말고, '순수하지 않은 것'을 겁내거나 밀어내려 하지도 말고 그 두 가지 모두와 함께 쉬도록 합니다. 긴장을 풀고, 이원적으로 나누고 꼬리표 붙이는 행위를 진정시킵니다. 그러면 이원적인 대립에서 풀려나면서 나타나는, 자연스러운 순수함이라는 새로운 경험을 하게 될 것입니다. 순수한 마음 명상을 통해 우리는 고요해지고 편안해지며, 주체와 객체, 좋고 나쁨을 가만히 그대로 둡니다. 그러면 이원성의 압박은 사라집니다.

이러한 쉼은 우리의 내면세계와 일상생활에 자유를 가져다줍니다. 그렇게나 심하게 씨름하던 이원성과 꼬리표 붙이기에서 놓여났기 때문입니다. 생각으로 생긴 불안감으로 가득 차 들끓던 마음이 진정되면, 우리 마음은 더 쉬게 되고 더 자유로워집니다. 미국은 아주 자유로운 나라이고, 미국에서는 자유가 무척 중요합니다. 그럼에도 불구하고 미국인들은 스스로에게 마음의 자유인 내면의 자유를 그다지 허용하지 않습니다. 윤회 세계의 온갖 괴로운 생각과 감정으로부터 자유롭지 못합니다. 이원적인 습관에 따라 정말 하고 싶은 일도 아닌 일을 자주 하고, 어느 순간에는 (자신의 의지와 반대되는 일을 하는) 노예가 되어 버립니다. 보통은 이렇게 되는 것을 알아차리지도 못합니다. 또한, 단순히 습관적으로 반복되는 모습으로 내 경험에 색을 덧입혀 현실을 잘못 인식할 수도 있습니다. 이 역시 노예의 모습입니다.

그 압박감이 제거되었을 때, 그러니까 우리가 이원적인 현상들과 함께 쉬고 있으면서, 자신이 현상에 무언가를 투사하고 있음을 알아차려 투사하는 것을 놓아줄 수 있는 바로 그때, 변형이 일어납니다. 어수선한 마음 대신 조화로운 마음이 자리하고, 우리는 대상을 더 순수하게, 실제 있는 그대로 인식하기 시작합니다. 여기서 중요한 것은 순수한 마음은 생각에 대한 이원적인 집착에서 놓여나서 생각에 묶여 있지 않은 마음이라는 점입니다. 명상하다 보면 자연스럽게 생각이 떠오르고, 우리는 생각에 붙잡혀 다시 그 생각에 집착하기 시작할 수도 있습니다. 그럴 때는 그 생각들과 함께 쉬도록 합니다. 생각을 없애려고 하지 않습니다. 우리가 보고 또 보아 왔듯이, 생각과 함께 쉬는 것이 명상의 가장 중요한 원칙입니다. 이렇게 함으로써 우리는 이제야 비로소 우리의 마음이 조금 더 다듬어진 상태인, 더 미세한 수준의 명상을 하기 시작하게 됩니다.

우리가 그저 마음과 고군분투하며 ("이걸 해야지." "그렇게 하면 안 되지." 등의) 수많은 판단만 하고 있으면 더 지치게 되고, 제대로 쉬지도 못합니다. 명상하는 근본 목적은 몸과 마음과 신경계를 모두 쉬게 하고 서로 원활하게 연결시켜 주는 것입니다. 이를 통해 우리는 에너지를 얻게 되고, 이 에너지 덕에 행복을 가져다주는 순수한 인식을 경험할 수 있게 됩니다. 우리는 더 집중되어 있을 때 더 행복하다고 느낍니다. 우리 존재 전체가 한곳에 함께 있다고 느낍니다. 모든 것(몸과 말과 깊은 마음 혹은 정신)이 조화로움과 거대한 쉼 속에 함께합니다. 시간과 공간이 광활해지고, 한계가 줄어듭니다.

그러니 다른 모든 명상에서처럼 생각과 함께 쉬도록 합니다. 그런데 이 명상이 다른 명상과 다른 점은, 이 명상에서 우리는 아주 예민하고 미세하며 민감한 상태에 있기 때문에 생각을 순수하게 받아들인다는 사실입니다. 이 상태에서는 생각을 '일어나는 그대로'의 순수한 모습으로 인식할 수 있습니다. 어떤 생각은 좋고 어떤 생각은 나쁘다고 보려는 모든 유혹에서(그리고 주체와 객체, 나와 남 같은 이원론적 대립에서) 풀려나 있습니다. 이 수준의 의식 상태에서 우리는 자연스럽게 깨어 있습니다. 우리의 정신적 인식 작용은 굉장히 빠릅니다. 이원적인 생각이 떠오르는 것을 자연스럽게 알아채고, 이를 통해 이원적인 생각들에 더 이상 붙들리지 않게 됩니다. 윤회하는 존재로 우리를 한계 짓고 조건 짓는 반복적인 습관에서 놓여나게 됩니다.

주체와 객체의 조화로운 합일은 즐거움과 자신감도 가져다줍니다. 우리는 이원성이라는 갈고리에 너무나도 오래 걸려 있었지만, 이제 그로부터 자유로워집니다. 서로 모순되는 생각을 없앨 필요가 없다는 것을 알게 됩니다. 깊이 쉼으로써 경험의 차원에서 이 상황을 변형시킬 수 있게 됩니다. 수행을 계속해 나가면서 무엇이 나타나더라도 그것과 연결되어 변형시킬 수 있다는 자신감을 얻게 됩니다.

수행의 결실

이 순수성은 보리심의 품성인 사랑과 자비의 품성도 가지고 있습니다. 우리가 순수한 마음 명상으로 이완되고, 바깥세상을 향해 에너지를 뿜어내고 기도를 보낼 때, 이 순수함과 순수한 존재는 마치 선물과 같습니다. 이러한 좋은 소망은 씨앗이며, 우리는 그 씨앗이 자라 긍정적인 기여를 할 것이라 확신할 수 있습니다. 또한 모든 바깥 세계와 우리의 관계를 변형시키는 순수한 바라봄과 조화를 이루게 된다는 장점이 있습니다. 예를 들어, 우리가 다른 사람을 더 긍정적으로 보는 것은 우리 자신과 다른 이들 모두에게 힘이 되고 자양분이 됩니다. 이것은 우리가 순수하게 바라봄으로써 세상에 줄 수 있는 또 다른 선물입니다.

이 수행은 안으로도, 밖으로도 모두 도움이 됩니다. 그러한 예로 들려드릴 이야기가 있습니다. 저의 제자 중에 벽이 얇은 아파트에 살던 분이 있었습니다. 그분은 보통 밤에 늦게까지 깨어 있다가 늦은 시간에 잠자리에 들곤 했습니다. 하지만 옆집의 이웃은 언제나 아침 일찍 일어나서 샤워를 했는데, 그분의 침실에서 이웃의 샤워 소리가 다 들렸습니다. 그분은 저에게 옆집의 소음이 너무 거슬려서 이사하려고 생각 중이라며 불평하였습니다. 저는 그분께 이웃의 샤워 소리에 대해 더 열려 있는 유연한 마음을 가져 보라고, 더 나아가 긍정적인 태도를 가져 보라고 권해 드렸습니다. 그리고 그분이 이웃에게 화가 나 있었기 때문에 그 이웃의 입장에서 생각해 보라고 권해 드렸습니다. 어쩌면 그 이웃은 그저 이른 시간에 출근해야 하거나, 아니면 거리가 먼 직장에 다니기 때문에 일찍 일어나야 할 수도 있다고 생각해 볼 수 있을 테지요. 제 제자는 저의 조언을 받아들였고, 자신의 경험을 완전히 변형시킬 수 있었습니다. 저항하는 마음을 쉬고 옆집에서 들리는 소음에 마음을 열어서, 그분은 그 소음에 투사하고 있는 자신의 편향된 인식을 정화한 것입니다. 다른 집으로 이사해야겠다는 생각을 더 이상 하지 않게 되었습니다.

티베트 불교의 순수한 마음 전통

티베트 불교를 공부한 적이 있다면 순수한 인식이라는 개념을(신성한 관점 또는 순수한 시각이라고도 불리는 개념을) 접해 보았을 것입니다. 순수한 인식이 무엇인지에 대한 정식 설명은 아주 복잡한 공부가 될 수 있습니다. 이 공부를 시작하면 배울 수 있는 것도 많겠지만, 동시에 위험도 따릅니다. 학문적 접근 방식으로 공부하게 되면, 순수한 인식에 대한 철학과 수행을 탐구하느라 수년을 보내다 결국에는 흥미만 잃어버리게 될 수도 있습니다. 그러니 실제로 내 마음과 영감이 무르익고 피어나는 시기에 바로 수행에 뛰어드는 편이 더 나을 수 있습니다. 이 수행이 나에게 효과가 있다고 느낀다면 순수한 인식이라는 것이 무엇인지 잘 알게 될 때까지 기다릴 필요가 없습니다. 바로 지금이 내 마음을 순수한 마음 명상에 연결시켜 줄 때입니다. 순수한 인식을 경험하고 시험해 볼 기회를 잡아 보세요.

수행과 공부 두 가지 모두를 할 기회가 있다면, 그것도 좋습니다. 그리고 수십 년 동안 순수한 인식에 관해 공부하고 수행해 온 분에게도 이 명상은 잘 맞을 것입니다. 내가 쉬도록 돕고 내 인식이 더 깊어지도록 도울 것입니다. 각자 다른 상황일지라도 모두 이 순수한 마음 명상을 수행할 수 있습니다. 앞에 나온 다섯 가지 명상을 해 본 분들은 다섯 가지 명상을 통해 쌓으신 경험이 이 여섯 번째 명상을 할 때 도움이 될 것입니다. 우리는 더 이상 초심자가 아닙니다.

물 한 잔

물 한 잔에 대한 비유는 많이 들어 보았을 것입니다. 잔이 반쯤 차 있나요? 아니면, 반쯤 비어 있나요? 어떻게 대답하든 물 한 잔이라는 대상이 변하지는 않습니다. 무언가를 긍정적으로 보는 것은 우리를 더 열어주고 순수한 인식으로 연결시켜 주는, 명확하고 명료한 연결로 이끌어줍니다. 마음에는 "열어 보자!"라고 말하는 긍정성을 일으키는 힘이 있습니다. 이러한 긍정성으로부터 받는 에너지는 우리를 순수한 인식으로 이끌어 줄 수 있습니다. 아주 깊은 가르침이 하나 있습니다. 티베트에서는 밤이 되면 무척 추워져서 아침이면 집 창문에 성에가 끼는데, 그 날 밤 집에서 잠을 자는 사람에 따라 성에의 무늬가 달라집니다. 성에의 무늬는 긍정적인 마음, 부정적인 마음, 두려운 마음, 쉬는 마음 등 그 집에 자는 사람 마음의 에너지를 반영합니다. 사람의 마음이 물질 현상에 끼치는 영향에 대한 과학적인 연구도 있습니다.*

부처님은 우리가 어떻게 하나의 대상을 두 가지 다른 방식으로 볼 수 있는지에 대해 말씀하셨습니다. 우리가 더 순수하고 열린 마음으로 행

---

* 일본의 에모토 마사루(江本勝)는 긍정적인 생각이 물(분자, 결정)에 미치는 영향에 관한 연구에서, 물에 대해 긍정적으로 생각할 때 물에 아름다운 무늬가 형성된다는 사실을 입증하였다. 게다가 프린스턴대학(Princeton University)의 로버트 G. 잔 박사(Dr. Rober G. Jahn)는 인간의 생각만으로도 미세 전자공학 기구에 영향을 미칠 수 있음을 입증하였다.

복하면 주변에 보이는 모든 것에 영감을 받고, 모든 것에 긍정적으로 연결되기 마련입니다. 하지만 어려운 상황들이 생기고 일이 잘 풀리지 않을 때는 최고급 식당에 가서 최고급 음식을 먹어도 별로 맛이 없다고 느낍니다. 음식 맛 자체에는 아무런 문제가 없습니다. 마음의 부정성 때문에 모든 것이 달라진 것입니다. 우리의 경험은 내면의 태도에 의해 색이 칠해지고, 그것이 우리의 외적인 환경으로 퍼져 나가 심리적인 증상이나 심지어 신체적인 증상을 일으키기도 합니다.

우리가 "마음에 들지 않아."라고 하는 순간에는, 마음에 들지 않는 것을 나아지게 하려는 아무 노력도 하지 않고 있는 경우가 대부분입니다. 그 상황에 저항하거나 불행하다고 생각하기보다는 자신의 생각을 더 이완된 태도로 더 순수하게 보려고 해 보세요. 우리는 마음에 들지 않는 순간들을 고요함, 열림, 행복으로 변형시킬 수 있으며, 이 변형을 통해 자신과 다른 이들이 즐길 수 있는 엄청난 에너지와 영향력과 이익을 얻을 수 있습니다. 반쯤 차 있는 잔처럼, 모든 것에 긍정적인 관점을 갖기로 하면 마음은 잘 흘러가고, 마주하는 상황의 에너지를 더 잘 받아들이게 됩니다. 그렇게 함으로써 우리는 대상과 더 명확하고 명료하게 연결될 수 있고, 더욱 위대한 열림과 순수성을 가질 수 있게 됩니다. 이때 말하는 긍정성은 편향된 긍정성도 아니고 조작된 긍정성도 아닙니다. 이 긍정성은 우리가 순수한 마음 본연의 긍정성과 연결되도록 해 주는 열림의 한 모습입니다.

명상, 마음의 균형 잡기

악기의 줄을 너무 조이지도, 너무 느슨하지도 않게 조율하라고 하신 부

169

처님 말씀을 떠올려 보세요. 주체와 객체, 좋고 나쁨 같은 이원적으로 대립하는 것들도 마찬가지입니다. 순수한 마음이란 가운데서 중심을 잡는다는 뜻입니다. 문제의 양면은 동등합니다. 치우침이 없습니다.

그러므로 명상하며 너무 애쓸 필요 없습니다. 그저 안팎의 모든 환경에 우리 마음이 넓게 열려 있도록 하기만 하면 됩니다. 어떤 경험을 하게 되든 바로 그 순간에 조화로운 균형을 찾도록 합니다. 이렇게 하면 어떤 하나를 구하거나(움켜쥐거나) 다른 것을 피하는 것(밀어내는 것)보다 사실 훨씬 더 편안합니다. 명상하면서도 애쓰는 습관을 따른다면, 평소에 일상에서 하는 것처럼 '어떤 일을 하고 있는' 것이 됩니다. 그런 상태에 빠져들지 마세요. 애쓰지 않는 명상을 다르게 보면, 목표나 목적 없이 명상하는 것이라고도 할 수 있습니다. '목표 없는 과제'라고 불러도 좋습니다. 다만 스스로 그 순간을 경험하도록 하는 겁니다. 여기서는 어떤 목표를 좇는 것보다 그 순간을 경험하는 것이 더 중요합니다.

이렇게 하기 위해 가장 중요한 것은 자신의 본성을 믿는 것, 즉 순수한 마음과 순수한 인식을 원래 타고났다고 확실히 믿는 것입니다. 인내와 쉼이 있는 수행을 통해 여러분이 추구하는 균형과 조화가 저절로 나타날 것입니다. 균형과 조화는 이미 그곳에 있습니다. 쉬면서 이 순간에 머무르면, 자연스럽게 드러납니다. 이원성 사이의 균형과 조화를 찾게 되면, 우리가 뭔가를 찾거나 뭔가를 해야 할 필요가 없음을 깨닫게 됩니다. 그저 깊이 있게 받아들이고 바라보고 쉬는 것만으로도 충분함을, 순수한 마음으로 있기 위해 어딘가로 뛰어들 필요가 없음을 이제 경험으로 압니다. 이런 것을 알아냈다는 것을 알게 되면 매우 큰 자신감이 생기고 크게 영감을 받게 됩니다. 우리는 이러한 마음의 미세함과 고요함을 가만히 기뻐합니다. 제가 말하는 '영감'의 의미는 바로 덜 산란한 마음을 즐기는 것입니다.

긍정적인 마음으로 쉬는 태도를 가져 보세요. "내가 이 명상을 제대로 하고 있는 건가? 잘못하고 있는 건 아닐까?" 같은 이원적인 생각이 나타난다고 해도, 우리는 이원성을 놓아주고 열려서 이 생각을 명상의 일부로 삼아 자연스러운 순수성으로 보는 방법을 이미 알고 있습니다. 순수한 마음 명상의 깊이 쉬는 경험을 통해, 떠오르는 생각과 감정으로부터 자유로워질 수 있게 될 것입니다.

우리가 평소에 하는 생각을 관찰해 봅시다. 우리가 하는 생각 가운데 정말 중요하고 필요한 생각이 과연 얼마나 될까요? 스무 가지 생각이 떠올랐다면, 아마 그 가운데 하나 정도가 조금 중요하고, 나머지 열아홉은 마음이 이리저리 방황하는 것에 불과할 것입니다. 필요 없는 열아홉 가지 생각을 내려놓는 것만으로도 마음과 몸의 힘을 아주 많이 아낄 수 있습니다. 일상을 살아가며 우리는 수많은 결정을 내려야 합니다. 안전하게 운전하기 위해서는 신호등에 빨간색, 녹색, 노란색 신호가 들어올 때 어떻게 해야 하는지 알아야 합니다. 하지만 이런 습관 때문에 명상할 때도 그와 비슷한 '신호들'이 마음에 나타납니다. 이런 경우 대부분의 신호는 별로 상관도 없고 중요하지도 않은, 한낱 방해 요소일 뿐입니다. 명상 방석 위에 앉아 있는 이 시간에 우리는 안전합니다. 그리고 이 시간만큼은 윤회 세계의 여러 어려움에 대응할 필요가 없습니다.

명상을 너무 열심히 하는 것은 새장 안에 너무 많은 새를 집어넣는 것과 같습니다. 불안감이 가득하기 때문에 그 틈에서 잠깐씩 바깥을 볼 수는 있을지라도 밖으로 날아갈 자유는 없습니다. 우리는 완전히 열려서 새장을 없애 버려야 합니다. 그렇게 하면 즉시 편안해지고 쉼을 느끼게 됩니다. 만약 자유롭고 열린 명상 중에 뭔가 명확하지 않은 느낌이 들거나 명상의 자연스러운 흐름이 생각과 뒤섞이게 되어 틈이 생기면, 덜 열심히 하여 마음을 쉬게 해 줍니다. 명상을 계속하다 보면 마음을 쉬는 시간이 점점 더 길어질 것입니다.

마음의 진정한 본성에는 꾸밈이 없습니다. 개념적인 사고와 생각과 걱정으로 어수선하지 않습니다. 본성의 이러한 품성을 믿으면, 어떤 것도 조작할 필요 없이 그대로 본성의 순수성과 광활함을 경험할 수 있게 됩니다. 이렇게 편안하게 쉬면 즉각적으로 변형이 일어나기도 합니다. 이런 식으로 명상 수행을 해 나가다 보면 수행은 대체로 점점 더 이런 단순한 상태에 머물게 될 것이고, 이 방식에 익숙해질 것입니다. 생각은 떠오를 수도 있고 떠오르지 않을 수도 있지만, 문제가 되지는 않습니다.

나도 모르게 너무 애쓰면서 명상하고 있었음을 알아차릴 때도 있을 것입니다. 평화롭게 앉아 있을지는 모르겠지만, 마음은 남모르게 조용히 온 힘을 다하고 있는 것이죠. 이것 역시 필요하지도 않은 일을 하고 있는 바쁜 마음입니다. 그런 상태였음을 알아차리면, 쉬면서 마음의 순수성과 다시 연결되어 봅니다. 우리는 여전히 생각을 보고 경험합니다. "생각하지 마."라고 하며 모든 것을 완전히 차단할 필요는 없습니다. 이 명상은 그런 것이 아닙니다. 지나치게 사로잡히지만 않으면, 마음은 개념화를 하면서도 순수하게 있을 수 있습니다. 쉬는 상태로 있으면서 생각에 대해 걱정하지 않고, 주어지는 상황에 편안히 머무른다면 순수성은 스스로 다시 나타날 것입니다.

순수한 마음 명상을 시작할 때는 앞서 배웠던 고요히 머무는 명상 방법을 활용하거나 마음을 집중시키고 쉴 수 있게 만들어 주는 다른 명상 방법 가운데 하나를 활용할 수도 있습니다. 예를 들어 고요히 머무는 명상을 활용할 경우, 명상의 대상과 하나로 연결되고 나면 이제부터는 대상을 이용하는 방법으로 명상하지 않고 그저 쉬면 됩니다. 무한한 순수성을 경험하게 될 때까지 그저 마음을 점점 더 열기만 하면 되는 것입니다.

수행 지침

명상할 때는 몸과 말과 마음이 현재에 머물러야 한다는 것을 기억해야 합니다. 몸과 말과 마음은 모두 함께 고요하고 편안하게 쉬고 있어야 합니다. 마음은 무척 고요하고 선명할지라도 몸이 긴장되어 있고 근육이 쉬지 못하면 몸의 아픔과 통증을 따라 마음도 쉽게 지치게 됩니다. 그러니 명상할 때는 몸을 쉬게 해 주어야 합니다. 말도 마찬가지입니다. 예를 들어, 여럿이 함께 명상하고 있을 때, 소리 내어 떠들지는 않더라도 우리 마음은 친구들과 대화하고 있다고 상상하며 수다를 떨고 있을 수도 있습니다. 평소에 수다를 떨 일은 너무나도 많고 조용히 있을 기회는 거의 없으니, 쉬면서 조용한 순간을 즐겨 보도록 하세요.

명상 시간이 좀 긴 것 같으면 명상을 짧게 나누어 마음에 다시 활력을 주는 것도 좋은 방법입니다. 명상이 자연스럽게 흘러갈 수도 있지만, 시간이 지나면서 몽상에 빠지거나 몸이 구부러질 수도 있습니다. 그러니 이따금 자세를 가다듬거나, 눈을 깜빡이거나, 어깨를 움직이거나 하면서 명상을 잠깐씩 멈춰 보세요.

두려움이나 고통, 즐거움 등 어떤 경험을 하게 되더라도 그 경험의 참 본성이 나타날 때까지 인내심을 가지고 기다려 보세요. 경험하는 것을 어떤 식으로든 붙잡지 않고 쉬면서, '좋은 것'이나 '나쁜 것'이라고 부르지 않으면 그 경험은 변형되고 정화될 것입니다. 나타난 현상 아래 있는 순수한 의식에 가닿게 될 것입니다. 그다음에는 열리고, 순수하고, 판단하지 않는 상태에 머무르는 훈련만 하면 됩니다. 무언가를 하거나 일하는 것이 아닙니다. 그저 순수한 마음과 연결되기만 하면 됩니다.

수행을 위한 조언

- 보리심의 염원을 일으키는 시간을 잠시 가져 보세요.

- 무엇을 보고, 무엇을 느끼든 모두 경험하세요. 자유로운 마음을 느껴 보세요.

- 몸과 말과 마음이 쉬고 있음을 느껴 보세요.

- 마음을 쉬게 해 보세요.

- 자연스럽고 순수하게, 있는 그대로 인지할 수 있도록 마음을 여세요.

- 생각이 떠오를 때 다르게 대하지 마세요. 모든 생각을 편견 없이 경험하세요.

- 마음이 자유롭게 쉬게 두세요.

- 마음을 순수하게, 자유롭게 두세요.

- 생각과 걱정으로부터 자유로운 마음을 느껴 보세요.

- 현상을 판단하지 않고 순수하게 인지해 보도록 하세요.

- 숨을 몇 번 길게 쉬어 봅니다. 숨을 내쉬고 들이쉬면서 마음의 본성을 경험해 보세요.

Q   순수한 마음 명상을 할 때 머릿속에 시각적으로 그려 보는 관상법을 수행
    의 일부로 활용해도 되나요?

A   네, 물론입니다. 예를 들어, 창 바로 앞에 있는 크고 못생긴 건물이 있다고
    떠올려 보세요. 그렇게 해 보시면 내가 그 건물을 순수하고 조화롭게 받아
    들일 수 있는지 알 수 있습니다.

Q   (이어서) 린포체님께서는 이 방의 모든 존재를 관세음보살(자비의 본존)
    로 보실 수 있나요?

A   그렇기도 하고, 아니기도 합니다. 완전히 열린 마음의 순수한 인식을 경험
    하고 있으면, 모든 것을 자신과 다른 존재 사이에 차이가 없는, 하나의 본
    질로 인식할 수 있습니다. 그럴 때는 이 방에 있는 모두를 자비의 본존인
    관세음보살이라고 느낄 수 있습니다. 그렇지만 반대로 혼란스러운 상태
    이거나 생각을 조작하고 있다면 본래 마음에서 쉬면서 대상을 순수하게
    인식하기에는 너무 산란한 상태이기 때문에 그렇게 할 수 없습니다.

Q   "잔이 반쯤 차 있다."라는 태도는 우리가 스스로를 격려하기 위한 것인가
    요? 명상을 시작할 때 바른길로 가도록 하기 위한 것인가요?

A   그렇습니다. 명상을 시작할 때의 마음 상태에 따라 그 결과가 좋아지거나
    나빠질 수도 있습니다. 뱀을 보고 겁먹은 적이 있는 사람은 밧줄이나 덩
    굴, 막대기 같은 것을 뱀으로 착각하여 사방에서 뱀을 보게 될 수도 있습
    니다. 반대로, 우리가 더 긍정적인 태도를 지니게 되면 우리가 하는 활동

이나 경험들도 마찬가지로 더 긍정적인 것이 됩니다.

Q 명상 시간을 짧게 하라고 조언해 주셨습니다만, 정식 명상을 길게 하는 것은 명상 수행의 장기적인 목표 가운데 하나 아닌가요?

A 짧게 명상하라고 말씀드린 첫 번째 이유는 명상 수행자들이 더 많이 수행할 수 있도록 격려하기 위해서입니다. 처음부터 명상 시간을 아주 길게 하면 명상 수행이 버거울 수 있습니다. 처음에는 명상을 짧게 여러 번 하는 게 부담되지 않을 것입니다. 그렇게 해 나가면 명상을 더 길게 하는 것이 편안해질 테고, 그때가 되면 원하는 만큼 더 오래 명상할 수 있을 것입니다.

Q 다섯 번째 명상(깊은 마음 열기 명상)과 여섯 번째 명상(순수한 마음 명상)에서 생각을 다루는 방식에 어떤 차이가 있는지 궁금합니다. '조화로운 균형'과 '경험의 변형'이라고 하셨는데요. 좀 더 잘 이해할 수 있도록 더 설명해 주실 수 있을까요?

A 깊은 마음 열기 명상은 편견 없는 관찰을 기반으로 합니다. '좋아한다'거나 '싫어한다'는 경향성의 잣대로 '좋은 것'과 '나쁜 것'으로 판단하지 않습니다. 붙듦과 자아 집착에 매이지 않고 더 넓은 시야로 현상을 바라보기 위해 마음을 여유롭고 편안하게 열도록 해 봅니다. 이런 관점으로 보면, 모든 순간에 마음이 조화롭게 균형 잡히는 경험을 할 수 있습니다. 이렇게 하면 마음의 기대와 두려움을 줄이는 데 도움이 될 것입니다.

순수한 마음 명상은 기쁨과 고통 같은, 나타나는 모든 것은 본래 갖추고 있는, 본래 순수한 지혜인 자신의 마음의 본성이 투사되어 실현된 것임을 아는 것입니다. 생각하는 마음은 보통 자아의 표면적인 차원에 머무르는 것을 더 좋아합니다. 우리 마음을 더 깊은 차원에서 쉬게 할 수 있을 때, 환경과 존재들의 순수성을 볼 수 있습니다. 순수한 마음 명상 수행에 익숙해지면 우리의 마음은 우리가 여태까지 해 온 습관적인 방식으로 대상을 구분하는 대신, 대상을 정말로 있는 그대로 볼 수 있게 됩니다. 그리고 그것이 바로 경험으로의 전환입니다.

개념 짓지 않는 명상

개념 짓지 않는 명상은 위대한 원만함 즉, 족첸에 대한 소개입니다. 오늘날 서양에도 잘 알려져 있는 티베트 불교 명상법인 족첸에 대해 들어보신 분도 많이 계실 것입니다. 족첸은 마음의 완전한 휴식을 강조합니다. 물론 앞에 나온 여섯 가지 명상에서도 마음을 가능한 한 많이 쉬었지만, 일곱 번째 명상에서는 마음에 어떤 일이 일어나든, 어떤 감각을 경험하든 그저 열려서 쉬는 것이 수행의 핵심입니다. 어떤 것에도 집착하지 않고, 어떤 대상에도 집중하지 않습니다. 앞의 여섯 가지 명상도 각각 중요하고 유용한 명상이었지만, 이 여섯 가지 명상은 일곱 번째 명상으로 정점을 이룹니다.

첫 번째 명상부터 네 번째 명상까지는 마음을 가라앉히기 위한 명상이었습니다. 조용하고 단순한 관점을 키우기 위한 명상이었죠. 하지만 바쁜 마음을 고요하게 하는 과정에서 우리는 우리가 원하는 고요와 집중을 개발하기 위해 "이렇게 해." "저렇게 하지 마."라고 마음이 마음에게 말하는 미세한 대화로 빠져들게 될 수 있습니다. 물론 내면을 바로잡는 것이 필요하긴 하지만, 이렇게 하면 생각이 줄어들기는커녕 생각이 늘어나 버리기도 합니다. 마음이 우리 말을 잘 듣고 협조적일 때도 있고, 그렇지 않을 때도 있습니다. 그러나 인내심을 가지고 수행하다 보면 어느덧 우리는 점점 더 쉬게 되고 집중하게 될 것입니다. 그러나 일곱 번째 명상에서는 그런 과정조차도 없습니다. 마음이 아무것도 하지 않고 있는 자유로운 상태인 열림과 자유, 바로 그것이 일곱 단계 명상으로 이루는 마지막 성취입니다.

개념 짓지 않는 명상은 우리를 궁극적이며 초월적인 지식인 본래 앎의 순수하고 궁극적인 지혜, 시간을 초월한 인식(티베트어: 릭빠)으로 연결시킵니다. 우리는 교육을 통해 시간을 들여 개발한, 후천적으로 얻어진 학습된 앎이나 지혜에 더 익숙합니다. 그런데 지혜에는 그런 지혜가 아닌, 마음의 참 본성인 타고난 지혜도 있습니다. 앞서 이 지혜에 대해 이야기하긴 하였지만, 이제는 이 타고난 지혜가 주요 주제가 됩니다. 이 지혜는 가장 심오한 지혜입니다. 족첸 명상은 방해받지 않고 조작되지 않은 자신의 지혜의 깊은 차원으로 우리를 연결시킵니다. 마음은 우리 자신의 지혜의 자연스러운 본래 상태에서 쉴 수 있게 됩니다.

개념 짓지 않는 명상은 가장 단순하고 가장 쉬운 명상으로 보일 수도 있지만, 한편으로는 어려울 수 있습니다. 무엇이 떠오르든 거기에 관여하지 않고 우리의 생각, 감정, 인식을 관찰하기만 하면 되기 때문에 쉽습니다. 우리는 넓게 열려 있고, 경계도 없습니다. 울타리를 모두 허물고 모든 것을 안으로 들입니다. 이렇게 하는 습관이 들어 있지 않기 때문에 어렵고 복잡하다고 느낄 뿐입니다. 우리의 습관은 이와 반대 방향으로만 힘차게 달려갑니다. 우리는 무언가에 관여하고 무언가를 하는 것에 익숙합니다.

이 명상법을 '명상 아닌 명상'이라고 부르기도 합니다. 왜 그럴까요? 사람들은 명상을 한다고 하면 무언가를 붙잡고 있어야 한다고들 생각하기 때문입니다. 심지어 '하지 않는 것'이 명상의 목표일지라도, 아무것도 하지 않기 위해서는 받아들이기나 허용하기 같은 무언가를 해야만 한다고 믿기도 합니다. 하지만 이 명상에서는 그런 것조차도 하지 않습니다. 그렇게 마음은 완전히 자유롭고 완전히 열려 있습니다. 우리는 불안에서 놓여나고 개념화로부터 놓여납니다. 그저 완전한 자유를 경험하도록 둡니다. 이 위대한 자유가 일어나면 일어나는 대로 두고, 자유가 일어나지 않더라도 '그대로' 두세요.

아무것도 하지 않는 것은 도전이 될 수 있습니다. 이것을 모험이라고 부를 수도 있겠습니다. 저는 이 도전이 시도해 볼 만한 가치가 있다고 생각합니다. 왜냐하면 이 도전을 통해 얻게 되는 단순함은 우리의 바쁜 삶에서 오는 스트레스와 불안에 대한 완벽한 해결책이기 때문입니다. 바쁨이 우리를 일에 몰입시키고 과로하게 만들기 때문에 우리는 우리 자신에 대해 알아 가거나, 우리가 어떤 느낌을 느끼는지 느껴 볼 시간이나 여유가 없습니다. 우리 삶의 이 모든 복잡함으로 인해, 한 사람이라고 하는 우리 개개인의 실체를 잘 모르고 있습니다. 우리 마음의 본성은 무엇이며, 우리의 모든 생각과 감정을 경험하는 것은 누구일까요?

많은 사람들이 이 수행을 좋아하는 이유 가운데 하나는 우리의 정신 활동이 너무 어수선하고 피곤하기 때문입니다. 우리는 정신적으로, 감정적으로, 신체적으로 너무 많은 것을 하느라 지쳐 있습니다. 대부분의 시간을 "이거 생각해." "이거 말해." "그거 하지 마!" 하며 강박적으로 통제하며 보냅니다. 말 그대로 '쉬지를 못'합니다. 그것이 우리의 일상입니다. 우리 삶의 정신적 배경은 통제하기와 조작하기입니다. 그리고 이 모든 것을 무척 진지하게 받아들입니다. 족첸 명상을 통해 이 모든 것으로부터 자유로워질 수 있습니다. 마음은 느긋해지고 자연스럽게 흐릅니다. 우리는 더 많이 쉽니다.

마음을 자유롭게

개념 짓지 않는 마음을 경험함으로써 우리는 참된 자유를 누리게 됩니다. 우리는 보통 다양한 생각들로 우리의 마음을 채우고 우리의 하루를 '좋은 날', '나쁜 날', '그저 그런 날'로 만듭니다. 이런 판단이 우리의 가슴과 마음에 남게 되기도 합니다. 그러나 사실 우리의 생각과 감정이 좋은지, 나쁜지, 좋지도 나쁘지도 않은지 곱씹어 보거나 확인할 필요는 없습니다.

무엇으로부터 마음을 자유롭게 해야 할까요? 우선, 무엇을 해야 하고 하지 말아야 하는지 말하면서 끊임없이 마음을 통제하는 것으로부터 벗어나야 합니다. 그리고 자신의 생각과 감정에 대한 판단으로부터 자유로워져야 합니다. 우리의 마음을 관찰해 보면, 생각들이 서로 충돌하고 그로부터 생기는 논쟁으로 인해 더 많은 생각이 생김을 알 수 있습니다. 이는 쉼 없음, 불안, 스트레스로 이어집니다.

생각이 떠오르게 두고 그 생각들과 잘 지내고 있으면 마음이 자유로워집니다. 생각과 감정이 일어나는 것은 문제가 아닙니다. 생각과 감정에 대한 우리의 반응이 마음을 휘젓는 것이 문제입니다. '좋은 생각'이 떠오르면 그것을 좋아하고, '나쁜 생각'이 떠오르면 겁내거나 짜증 냅니다. 다시 현악기를 조율하는 문제로 돌아가 봅시다. 우리는 우리의 생각과 마음을 너무 풀어지게 하거나 팽팽하게 만들곤 합니다. 너무 팽팽하지도, 너무 풀어지지도 않게 알맞게 조율하기 위해서는 그저 쉬기만 하면 됩니다. 마음이 잘 조율되어 있으면 흐름을 잘 타게 되어 멋지게 '연주'할 수 있습니다.

마음을 통제하려고 하면 마음은 거칠어질 것이고, 여러분은 죄수처럼 답답해질 것입니다. 그러나 너무 풀어지면, 멍해지고 졸려서 쉽게 몽상에 빠지게 되고 명상을 완전히 잃어버리게 될 것입니다. 우리는 완전히 깨어 있어야 하지만, 동시에 마음에서 일어나는 일들에 관여하지도 않아야 합니다. 그저 나타날 뿐이니 막을 필요가 없습니다. 여기서 '좋은' 소리가 들리고, 저기서 '나쁜' 소리가 들릴 수 있지만, 그 소리들을 비교할 필요도 없고 특정한 어떤 방식이나 다른 방식으로(내가 '좋아하는' 방식이나 내가 '싫어하는' 방식으로) 주의를 기울일 이유도 없습니다. 열린 마음을 유지합니다. 마음이 자유롭다는 것은 판단하지 않고 관찰할 수 있다는 뜻입니다. 우리가 그렇게 할 수 있으면, 우리 마음이나 인식에 무엇이 떠오르든 정말로 모두 명상에 도움이 되는 에너지가 됩니다. 이원론적인 생각이나 판단을 하지 않는 경험은 개념 짓지 않음을 보여 줄 수 있는 징표 가운데 하나입니다.

생각들이 돌아다니는 정신적인 환경에서 무언가 '하지도 않고' '붙들지도 않음'으로써 쉬는 마음을 발견할 수 있다는 점이 가장 중요합니다. 이러한 쉬는 마음은 생각들에 관여하지 않습니다. "나는 아무것도 하지 않고 조작하지도 않는 자연스러운 상태로 마음을 자유롭게 둘 거야."라는 다짐으로 명상을 시작해야 하고, 정말로 열려 있어야 하고, 단단히 마음먹고 있어야 합니다. 그렇게 결정하고 나면, 그 즉시 자유와 열림을 느낄 수 있습니다.

물론 처음에는 제대로 조율하기도 어렵고 그 상태를 유지하기도 어려울 것입니다. 그러니 "아, 내가 다른 곳에 갔었구나. 완전히 벗어났네." 하고 알게 되더라도 실망하지 마세요. 괜찮습니다. 산란해졌음을 알고 깨어나는 것은 좋은 신호입니다. 그리고 집중이 흐트러진 그 순간으로 돌아가 '더 잘하려고' 노력하며 되짚어 볼 필요도 없습니다. 신경 쓰지 마세요. 내 상태를 깨달은 순간을 활용해 수행을 다시 시작하여 이어 가도록 하세요. 지금 이 순간에 머무르세요. 과거를 걱정하는 것보다 훨씬 더 값진 일입니다. 과거나 미래에 신경 쓰지 마세요. 아무것도 하지 않고 지금 이 순간에 있도록 하세요.

사람들은 개념 짓지 않는 명상에 완전히 들어가는 것을 두려워하기도 합니다. 우리 마음속에 아무거나 자유롭게 나타나도록 완전히 열어 두면 뭔가 무서운 것이나 해로운 것이 나타나진 않을까 하고 경계할 수도 있고, 나의 개성을 잃을까 두려워할 수도 있습니다. 그러나 우리가 판단, 꼬리표 달기, 현상 설명하기 같은 것을 하지 않고 모든 것이 일어나고 지나가도록 두면, 아무것도 두려워할 것이 없습니다. 두려움은 이원론적인 집착으로 인해 생겨나는 것이며, 이원론적인 긴장이 풀리면 두려움도 사라집니다. 이는 소음이 심하고 여러 일이 일어나는 붐비는 거리를 걸어 지나가는 것과 비슷한 경험입니다. 우리는 바라보기만 할 뿐 전혀 관여하지 않습니다. 무엇이 나타나든 괜찮습니다. 그러다 어느 시점이 되면, 마음은 이런 경험에 만족해하고 행복해할 것입니다. 실제로, 미세한 차원에서 볼 때 우리가 개념 짓지 않는 명상을 하고 있는 것은 깊은 마음의 지혜로부터 에너지와 가르침을 받고 있는 것입니다.

이렇게 하여 우리는 우리가 누구인지 우리의 참 본성을 느끼게 되고, 다른 것에 영향받지 않은 마음의 편안함과 다른 것에 영향받지 않은 마음의 쉬고 있는 본성을 충분히 알게 됩니다. 이렇게 될 때, 열려 있는 쉼은 우리의 깊은 마음의 지혜의 진정한, 조작되지 않은 본성인 특별하고 심오한 품성(과 영감)을 가져다줍니다. 그리고 이 깊은 차원의 휴식을 알고 나면, 결국에는 더 쉽게 이 깊은 휴식으로 들어갈 수 있는 능력을 기를 수 있습니다. 그 방법은 바로 어떤 상황일지라도 마음이 언제나 쉬고 있도록 해 주는 것입니다. 쉴 만한 상황이 아니더라도 바라보고 관찰합니다. 그러면 마음은 쉬게 될 것입니다. 이것이 바로 이 수행을 안정적으로 만들어 가는 방법입니다. 우리는 이러한 열린 마음과 둘이 아닌, 온전한 존재를 기반으로 하여 안정성과 자애심을 기를 수 있습니다.

명상

명상을 시작할 때는 모든 목표와 의도를 내려놓고 쉬어야 합니다. 어떤 기대를 붙들고 있다면 그것은 족첸 명상이 아닙니다. 그런 다음 무슨 일이 생기든 그냥 생기게 두고, 그대로 둡니다. 무엇이 일어나든 방해하지 않고 지나가도록 두면 자연스럽게 사라질 것입니다. 그저 지켜봅니다. 만약 '자기 자신(관찰자)'이 나타난다 해도 다를 것은 없습니다. 그저 지켜보고, 그대로 둡니다. 무언가 나타났을 때 "이건 뭐지? 저건 뭐지?" 하며 묻거나 의견을 낼 필요가 없습니다. 만약 나타나는 것마다 그렇게 한다면, 손님을 맞이하는 줄에 서서 수백 명의 사람들과 악수를 해야 하는 것과 같을 것입니다. 잠깐은 좋을지라도 끝내 지치게 될 것입니다. 그러니 우리는 열려서 쉬고 있는 상태를 유지합니다. 생각 같은 것들은 알아서 사라질 것입니다. (족첸에서는 이 현상을 '일어남 즉시 해탈'이라 부릅니다. 단지 생각이 나타나는 것만으로도 해탈을 이룹니다.) 우리는 '휴식을 취하는 것'조차 하지 않습니다. 우리는 깨어 있지만 관여하지 않으며, 아무것도 하지 않고 쉬고 있습니다.

명상을 정신없이 바쁜 세상으로부터의 도피 같은 것이라고 생각할 수 있습니다. 예를 들어, 주변에서 들리는 크고 거친 소음으로부터 벗어나고 싶고, 그저 조용하게 명상하며 방해받지 않고 싶을 수도 있습니다. 그러나 그런 생각은 긴장 때문에 생기는 것으로, 개념 짓지 않는 명상에서는 이 생각을 놓아주어야 합니다. 그러니 어떤 일이 생기든, 우리가 느끼고, 생각하고, 인지하는 모든 것이 명상과 완전히 어우러지도록 해 줍니다. 그리고 '이것'과 '저것', '너'와 '나'의 차이가 없음을 인식합니다. 어떤 것도 밀어내거나 거두어들일 필요가 없습니다. 이 명상에 대해 기대하는 바가 있다면 기대를 낮추세요. 우리는 그저 자유로워지기 위해 이 명상을 하는 것입니다.

바다나 산, 꽃이 가득한 정원같이 영감을 주는 자연환경은 이 수행에 도움이 많이 됩니다. 이런 자연환경은 생각들이 지나갈 수 있는 큰 공간을 주어 마음을 열고 편안한 광활함을 경험하게 해 줍니다. 평소에 우리를 산란하게 했던 생각과 느낌 등은 광활함 안에서 작아지고 하찮아집니다. 파드마삼바바 같은 대단한 수행자들이 수행하셨던 티베트, 네팔, 인도의 수행처나, 요기(yogi)나 성현들이 안거 수행을 하셨던 전 세계의 여러 수행처들도 영감을 주는 자연환경처럼(또는 그보다 훨씬 더 많이) 수행에 도움이 됩니다.

꾸미지 않은 본성에서 마음을 쉬게 합니다. 만약 "이걸 약간 더 나아 보이게 만들고 싶어."라고 하며 조정하려 들면, 이미 관여해 버린 것이 됩니다. '손을 떼고' 정말로 쉬어 보면, 모든 것이 괜찮을 것입니다. 이것이 바로 족첸 명상입니다.

명상을 시작할 때 생각이 많이 떠오른다면, 앞에서 배운 명상법을 이용하여 마음을 안정시킬 수 있습니다. "좋아, 나는 지금 여기에 있어." 하고요. 그리고 본격적으로 길에 올라서고 나면 더 이상 방향을 바꾸지 않고 쉬면 됩니다. 그 길에 도달한 뒤에는 집착하지 않고 움켜쥐지 않는 것이 무척 중요합니다. 명상이 아주 잘 되고 있고 생각이 없는 (그러면서도 굉장히 깨어 있으며 상태가 좋은) 쉼의 상태에 있을 때 흥분하여 "와! 이거 정말 굉장하다!"라고 말하기도 한다는 것을 알고 있습니다. 그러나 그렇게 하는 것은 자아 집착과 붙드는 마음을 불러일으킵니다. 우리는 또다시 무언가를 하고 있고 붙들고 있는 것입니다. 좋은 경험, 좋은 흐름일 때도 쉬도록 해 보세요. 좋고 나쁨은 중요하지 않습니다. 어떤 경험을 하든, 최대한 자유로워지려고 해 보세요. (『마음의 본성 자기 해탈』*에 이런 내용이 담겨 있습니다. "고치지 말라, 고치지 말라. 자신의 마음을 고치지 말라. 붙들지 말라, 붙들지 말라. 자신의 마음을 붙들지 말라. 고치고 고쳐 마음은 혼탁해지고, 꾸며진 마음이 참 본성을 가릴 것이다.")

우리 마음이 "이걸 원해, 이건 원치 않아." 같은 기대로부터 자유로워

---

* 14세기 깨달은 스승 롱첸 랍잠(롱첸빠)의 자기 해탈 3부작(རང་གྲོལ་སྐོར་གསུམ།) 중 하나. 티베트어 원제는 『위대한 완전함 마음의 본성 자기 해탈(족빠 첸뽀 쎔닛 랑돌, རྫོགས་པ་ཆེན་པོ་སེམས་ཉིད་རང་གྲོལ།)』이다. - 역자 주

지고, 원하고 원치 않는 느낌이 점점 비슷해졌다면 잘 시작한 것입니다. 그리고 물론 어느 시점이 되면 평등심이 더 쉽게 나타날 수도 있습니다. 그러면 "명상하자."라고 말하자마자 별일 아닌 것처럼 자연스럽게 평등심이 나타날 것입니다. 이렇게 마음이 점점 더 자연스러워지도록 꾸준히 수행한다면 점진적으로 발전하게 됩니다. 그것이 바로 '마음의 본성 느끼기'의 의미입니다.

개념 짓지 않는 명상을 할 때는 지금 하고 있는 명상과 이전에 했던 명상의 경험들을 비교하지 않는 것이 중요합니다. '나의 족첸 명상 발전 과정'이라는 다큐멘터리를 찍지 마세요. 대신, 그저 현재에 머무르도록 합니다. 가장 중요한 것은 그 순간을 경험하는 것입니다. 산란한 생각은 중요하지 않습니다. 멋진 기억이나 발전하고 있음을 보여 주는 징후 같은 것을 떠올리기보다는 지금 이 순간에 있는 것이 더 좋습니다. 그런 생각은 내려놓고, 현재에 머무르도록 하세요.

명상하는 것이 더 자연스러워지면, 명상이 흘러가기 시작할 것입니다. 흐름은 무척 중요합니다. 예를 들어, 따스한 날이라고 상상해 봅시다. 먼저 시원한 바람이 불어오고, 다음에는 뜨거운 바람이 불어옵니다. 우리는 그저 이 바람들을 느끼며, 바람이 잠시도 멈추지 않고 내 주변으로 흘러가는 것을 경험합니다. 중간에 멈춰 버리면 내 주의를 끌게 되고, 흐름이 끊겨 버립니다.

명상은 수영과도 같습니다. 어느 영법으로 헤엄치는지는 중요하지 않습니다. 나와 물이 연결되어 있고, 물속에서의 움직임과 느낌을 즐기고 있지만, 손과 발이 정확히 어떻게 움직이고 있는지에 대해서는 주의를 두지 않습니다. 손과 발의 움직임보다는 물과 하나 되는 감각을 더 느낍니다. 이를 다시 명상에 적용해 보면, 고요함을 느끼고 명상의 흐름과 둘로 나뉘지 않은 채 연결되어 있다고 느낄 때는, 생각이 여전히 평소처럼 반복적인 모습(영법)으로 나타나더라도 문제 되지 않습니다. 명상이 흘러가고, 이 흐름이 '멈추지' 않는 한, 계속 순조롭게 이어집니다. 그것이 정말로 마음을 쉬게 하는 것입니다.

뒤에 이어 하는 명상

지금까지는 방석 위에 앉아서 하는 정식 명상에 대해 설명하였습니다. 이제 정식 명상을 넘어 모든 순간에 수행을 이어 가고자 합니다. 족첸에서는 그런 수행을 '뒤에 이어 하는 명상'이라 합니다. 앉아서 하는 정식 명상으로는 일상생활에서 사용할 수 있는 에너지를 충전합니다. 전원 콘센트는 집(또는 명상 공간이 있는 곳)에 있으며, 일상을 살아갈 때도 앉아서 하는 명상의 경험에서 받은 영감으로 명상 상태를 어느 정도 유지할 수 있습니다.

궁극적으로는 명상 방석에 의존할 필요도 없으며, 현대인의 삶은 너무나 바쁘기 때문에 앉아서 명상할 기회가 많지 않을 수도 있습니다. 그러니 수행하고자 한다면, 평범한 일상을 수행의 기회로 활용해야 합니다. 우리가 평소에 활발하게 활동할 때는 마음을 쉬게 하기 어렵지만, 작은 부분부터 시작하여 점점 더 확장해 나갈 수 있습니다. 그러므로 일상에서 짧게 단 몇 분이라도 시간을 내어 명상하는 것이 상당히 도움이 될 것입니다. 줄 서서 기다리는 동안에, 근무 중 휴식 시간에, 쇼핑할 때 등 언제든지 기회가 생길 때마다, 정식으로 앉지는 않는 그런 명상으로 마음을 쉬게 하는 것은 무척 효과적입니다. 그렇게 하다 보면 나중에는 명상하고자 하는 영감이 쉽고 자연스럽게 생길 것입니다. 이렇게 하지 않으면, 새로운 언어를 배우기 위해 어학원에만 다니는 것과 비슷합니다.

"안녕하세요, 잘 지내셨나요?"라고 교실 안에서 원하는 만큼 반복할 수는 있겠지만, 언어를 제대로 배우기에는 충분하지 않습니다. 더 빠르게 움직이고 다양한 소리가 나는 현실 세계로 나가 연습해야 합니다.

예를 들어, 운전하며 출근하는 길이든 은행 대기 줄에 있을 때든 식당에서 음식이 나오길 기다릴 때든 언제든지 강박, 스트레스, 긴장에서 벗어나 깨어 있는 마음의 상태를 느낄 수 있는 기회가 됩니다. 우리는 열린 상태에 있을 수 있습니다. 쉴 수 있습니다. 언제 어디에서든 이렇게 할 수 있다는 가능성에서 영감을 받아 보세요. 이것이 뒤에 이어 가는 명상입니다.

시간이 지나면서 이런 열린 상태를 평소에 일상에서 하는 활동과 통합할 수 있게 될 것입니다. 일상에서 열린 상태에 있을 수 있음을 온종일 기억하는 것이 중요합니다. 기억하지 않고서는 수행을 시작하는 것조차 불가능하기 때문입니다.

이 명상이 나와 다른 이들에게 주는 이익

열린 깊은 마음에 주의를 두고 경험하는 순수성은 우리를 불안에서 해방시켜 주고, 스트레스를 줄여 주며, 신체적으로도 도움이 되는 엄청난 에너지를 가져옵니다. 개념 짓지 않는 명상을 어느 정도 성공적으로 이루고 나면, 어떤 다른 이익을 얻을 수 있을까요? 우리는 더 나아가 나 자신과 다른 이들, 그리고 주변 환경에도 이익을 줄 수 있습니다. 스트레스를 덜 받고, 더 명확하고, 행복한 마음은 자연히 행복을 더 많이 만들어 낼 것입니다. 이런 마음은 모든 이들의 문제를 해결하는 데 도움이 되는 자연스러운 수단이 됩니다. 우리의 마음이 평화와 자애에 흠뻑 젖어 들면, 우리는 주변 환경에 영향을 주는 긍정적인 에너지를 발산합니다. 우리가 더 능숙하게 행동하도록 이끌어 주는 지혜와 닿아 있는 것입니다.

불교 명상을 할 때는 보리심이라는 동기가 수행의 주된 이유임을 명확히 아는 것이 중요합니다. 알베르트 아인슈타인은 이렇게 말했습니다. "남을 위해 산 인생만이 가치 있는 삶이다."* 이런 순수한 의도를 가진다면 수행이 더 넓은 범위의 존재들에게 이익이 될 수 있도록 자신의 염원을 계속하여 더 깊게 만들어 갈 수 있는 큰 잠재력을 갖게 됩니다. 예를 들어, 말도 안 되는 일이 벌어지고 있는 상황에서도 우리는 긍정적으로 기여할 수 있습니다. 안정적인 에너지와 고요한 태도가 다른 이들에게 발산되어 긍정적인 방향으로 영향을 주기 때문입니다. 이는 우리가 수행의 경험을 다른 이들과 나눌 수 있는 아주 특별한 방법입니다.

부처님께서 말씀하셨듯이, 다른 사람을 돕고자 한다면 먼저 자기 자신의 마음을 살펴보아야 합니다. 자신의 마음을 살펴보면 그 순간에 내 정신적인 상태가 어떤지, 무엇과 연결되어 있는지, 어떤 동기를 가지고 있는지 알 수 있습니다. 그러한 마음 챙김은 자신의 본성을 명확하게 볼 수 있도록 영감을 불러올 것이고, 다른 이들을 돕고자 하는 순수한 동기인 보리심을 일으키는 계기가 될 것입니다.

미세한 지점들

수행을 하면 할수록 내적으로 경험하는 주의 집중이 더욱 미세하고

---

* 뉴욕 타임즈(New York Times), 1932년 6월 20일자.

정밀해집니다. 처음에는 생각들이 저 멀리 바깥에서 오는 것처럼 보입니다. 그 생각들은 선명하게 보이지도 않고 자세하게 보이지도 않습니다. 마치 멀리 있는 비행기를 보는 것과 같습니다. 비행기 모양만 보이다가 비행기 창문이 보이고, 가까워지면 마침내 '남서 항공'이나 '인도 항공'이라고 쓰인 것을 볼 수 있습니다. 생각을 판단하는 것도 이와 같습니다. 처음에는 우리가 좋다고 생각하는 것을 받아들이고, 나쁘다고 생각하는 것을 거부하고 있다는 사실도 우리는 거의 알아차리지 못합니다. 우리의 감시망 아래에서 이런 일이 벌어지고 있는 것입니다. 그러나 수행에 익숙해져 갈수록, 내적인 경험의 흐름에 가하는 미세한 조작을 알아볼 수 있게 되고, 우리가 무엇을 하는지 알게 됩니다. 그러면 그것들을 내려놓고 그저 바라볼 수 있게 됩니다. 우리가 그냥 바라보고만 있다고 생각할 때도 더 미세한 집착에 빠져들어 '나는 지금 좋은 생각을 보고 있어.' '나는 지금 나쁜 생각을 보고 있어.'라고 생각하고 있을 수도 있습니다. 이는 실제로 존재하지도 않는 좋음과 나쁨을 구분하는 매우 미세한 형식의 판단 행위입니다. 이 또한 내려놓아야 합니다.

위에서 말하였듯이, 어떤 것도 붙들지 않으려 하고 나의 경험을 어떤 식으로도 조작하지 않으려 할 때조차 그렇게 하지 않기 위한 방법이나 수단을 찾는 함정에 빠질 수 있습니다. 개념을 짓지 않기 위한 명상을 할 때는 그런 것도 생각하지 말아야 합니다. 자유롭게 명상하기 위해서 '어떻게 해야 하는지'에 대한 해법 같은 것은 결코 없습니다. 무엇을 고치는 것도 아니고, 해결책을 적용하는 것도 아닙니다. 마음은 그저 쉽니다. 완전히 자유롭고, 완전히 열려 있습니다. 자유롭고자 하는 생각으로부터도 자유롭습니다.

수행하면서 알아차릴 수도 있지만, 판단의 과정은 두 부분으로 구성되어 있습니다. 먼저 생각이나 인식을 알아차리면, 그 생각이나 인식에 대한 판단과 의견이 저절로 따라옵니다. 그것들을 편안하게 풀어놓아 주도록 해 봅시다. 안팎의 현상들을 관찰하되 판단으로 넘어가지 않게 해 보는 겁니다. 생각이 나타나면, 마음은 '불완전하다'고 느낄 수 있지만('부정적인' 생각들이 떠오를 수 있지만), 그저 자유롭게 있어도, 그 생각에 열려 있어도 괜찮습니다.

명상 지침을 듣거나 명상 안내문이나 관련된 책을 읽다 보면 명상이 항상 우리에게 무언가를 하도록 요구하는 것 같은 인상을 받을 수 있습니다. 우리는 서류나 자료나 수치를 다루는 등, 일상에서 해야 하는 중요한 할 일은 뒤로 미루어 놓고선, 명상 수행을 미세한 차원의 할 일로 만들어 버릴 수도 있습니다. 특히나 개념 짓지 않는 명상을 하려고 앉을 때는 끝없이 꼬리표 붙이고 의견을 달고 고치는 반복적인 행동, 즉 명상을 최신 과업으로 만드는 무언가를 '하는' 것에 빠지지 않도록 조심해야 합니다.

우리가 '지금 이 순간'에 머문다고 할 때, 이 순간의 길이는 사람마다, 때에 따라 다를 수 있습니다. 순간은 길 수도, 짧을 수도 있습니다. 중요한 것은, 순간이라는 것에는 "뭐가 내 명상이지?" "무슨 일이 있었지?" "무슨 일이 일어날까?" 같은 이야기가 없다는 것입니다. 순간은 그런 질문의 흔적을 남기지 않습니다. 지금 경험하는 그대로 현재에 머무르세요. 그것이 바로 명상 아닌 명상에서 쉬는 방법입니다.

수행 지침

모든 존재를 마음에 품고 명상을 시작하는 것이 좋습니다. 부모님이나 자녀, 친구 등 사람뿐만 아니라 동물이나 다른 모든 생명체까지, 모든 중생을 대신하여 명상할 수 있습니다. 사랑하는 이들과 사랑하지 않는 이들을 구별하지 않고 모두를 위해 명상합니다. 마음은 모든 존재를 품고 사랑하기 위해 계속하여 커지고 있습니다. 이것이 보리심입니다. 보리심은 우리의 수행에 힘을 더해 줄 뿐 아니라, 우리의 수행이 반드시 모든 이들의 이익이 되도록 만들어 줍니다.

명상을 하는 동안 눈을 떠야 하는지 감아야 하는지에 대한 질문을 받곤 합니다. 보통은 각자 원하는 대로 눈을 감거나 뜨면 되지만, 개념 짓지 않는 명상에서는 눈을 뜨고 하라고 권합니다. 눈에 보이는 것을 막지 않으면서, 동시에 어떤 대상에도 시선을 고정하지 않습니다. 가까운 대상과 나 사이 중간쯤에 시선을 둡니다.

다른 명상과 마찬가지로 '옴, 아, 훙'을 염송하여 몸과 말과 마음을 연결하며 시작합니다. 명상은 마음으로만 하는 것이 아닙니다. 몸과 함께 명상하는 것이 중요합니다. 그렇게 함으로써 쉼 에너지가 몸의 맥을 통해 움직이는 것을 느낄 수 있고, 그런 쉼의 상태에 머무르며 진정으로 명상을 느낄 수 있습니다. 말과도 연결되어 말도 쉬게 합니다. 명상에서 '말'은 주로 정신적인 잡담을 의미합니다. 이를 '내면의 방송'이라 부를 수도 있습니다. 정신적인 잡담이 일어나면, 말이 생각을 휘젓습니다. 정신적인 잡담은 더 정교한 생각이 일어나도록 자극하고, 생각은 더 많은 잡담을 일으키는 식으로 서로 번갈아 가며 계속 이어 갈 수 있습니다. 지금은 바쁠 필요가 없으니 바쁘게 있지 않도록 해 보세요. 우리는 스스로를 위하여 이렇게 앉을 시간을 마련하였습니다. 이 시간은 무척 소중한 기회이며, 깊은 휴식이라는 목적을 이루기 위해 사용해야 합니다.

만트라에 대해 좀 더 자세히 살펴보겠습니다. '옴(ༀ)'(몸)은 정수리 차크라에 해당하며, 흰색입니다. '아(ཨཱ)'(말)는 목 차크라에 해당하며, 붉은색입니다. '훙(ཧཱུྃ)'(깊은 마음의 지혜)은 가슴 차크라에 해당하며, 푸른색입니다. 몸에 있는 차크라를 시각적으로 떠올려 이 세 음절의 소리와 에너지와 색을 활용할 수 있습니다. 티베트 글자를 모른다면 같은 소리가 나는 한글을 떠올려도 괜찮습니다. 이 음절들의 쉼의 에너지로 우리 몸에 활력을 주고 몸을 편안하게 합니다. 이 세 음절은 부처님들과 지혜로운 존재들의 깨달은 몸과 말과 마음의 정수이기도 합니다. 다른 사람들과 함께 모여 명상할 때처럼, 이 음절들의 에너지로 다른 중생들과 연결될 수도 있습니다. 여기서는 명상하는 동안 쉬고 있고, 몸과 말과 마음과 연결되어 있음을 떠올리기 위해 이 만트라를 활용합니다.

어디에서 명상하는지는 별로 중요하지 않습니다. 하와이에서 휴가를 보내더라도 마음이 불안하면 제대로 쉬지 못합니다. 그렇지요? 그러니 마음의 휴가를 떠나도록 합시다.

쉬는 마음

수행을 위한 조언

- 생각에 관여하거나 생각을 중요하게 여기지 마세요.

- 생각을 피하지 마세요. 그저 그대로 두세요.

- 과거나 미래에 마음 쓰지 마세요. 그저 현재에 머무르세요.

- 마음이 자연스럽게 쉬도록 해 주세요.

- 생각을 따라가지 마세요. 그저 현재에, 자유롭게 있습니다.

- 과거나 미래에 대한 생각에 마음 쓰지 마세요. 자유롭게 열린 상태로, 이 순간을 붙들지 말고 경험하세요.

- 조작하지도 않고 붙들지도 않으며 마음의 본성에서 그저 쉬세요.

명상을 마치면서 수행으로 쌓은 공덕을 모든 중생에게 바치며 회향해 보세요. 수행을 회향하는 것은 자기 자신과 다른 이들을 위한 또 다른 이익이 됩니다. 회향할 때는 아래 회향문을 사용해 보세요.

이 수행의 힘과 진실함으로,
모든 존재들이 행복과 행복의 원인 갖게 되기를.
모든 존재들이 고통과 고통의 원인 여의게 되기를.
모든 존재들이 고통 없는 신성한 행복 잃지 않기를.
모든 존재들이 애착과 증오를 모두 여의고 무한한 평등심에 머무르기를.
그리고 모든 존재들이 모든 생명이 평등함을 믿으며 살아가기를.

일곱 번째 명상_개념 짓지 않는 명상

질문과 답

Q   명상 중에 마음이 쉬기 시작하면 잠에 들지 않았음에도 불구하고 잠에 들 거나 꿈꿀 때와 비슷한 이미지가 생생하게 떠오릅니다. 이런 현상을 개념 짓지 않는 명상에 어떻게 적용할 수 있을까요?

A   마치 영화를 보는 것처럼 모든 것이 나타나도록 두시면 됩니다. 그런 현 상들의 한가운데서 쉬고 있는 한, 그런 현상이 나타나도 괜찮습니다. 족첸 전통에 따르면 어떤 일이 일어날 때 그것을 마음의 참 본성으로 인식한다 면, 그 외에 다른 것은 아무것도 없다고 합니다. 따라서 나타나는 것을 조 작하지만 않는다면, 그것이 알아차림입니다.

Q   우리가 함께 모여 명상하며 마음의 본성에서 쉬고 있을 때, 저는 제 경험 의 본성 안에서 쉬고 있고, 제 옆에 앉은 사람은 자신의 경험 안에서 쉬고 있을 것입니다. 그렇다면 마음의 본성이 사람마다 다른 것일까요?

A   진정으로 어떤 방해도 받지 않은 마음은 개인적인 경험이 아니라 '공동'의 경험입니다. 그 선명한 마음은 하나의 본성이기 때문에 이 마음은 정말로 모든 사람의 마음의 본성입니다. 서로 다른 개인의 생각을 인식하거나 관 찰하는 까닭에 차이가 있는 것입니다. 그러나 본성인 본래 순수한 마음의 상태는 모두 같습니다.

Q   마음의 본성에서 쉰다고 할 때는 과거에 사로잡히지 않고, 미래에 대해 생 각하지 않으며, 지금 이 순간에서 쉬어야 한다고 알고 있습니다. 그리고 그렇게 하는 건 마치 지금 이 순간이라는 아주아주 작은 곳으로 들어가려

고 하는 것 같습니다. 하지만 제가 지금 이 순간에 머무르고 있다고 느꼈던 때에는 지금 이 순간과 과거와 미래가 다른 곳에 있는 것 같은 느낌이 아니었습니다. 그보다는 모든 종류의 구분이 사라지고 과거의 모든 것, 미래의 모든 것, 온 우주의 모든 것과 연결되어 있는, 시간을 초월한 영역에 있는 것 같았습니다. 이 순간이라는 것은 어떤 특별한 차이도 없는 그런 자리인 걸까요?

A   고맙습니다. 정말 아름답고, 이 명상에 완벽하게 들어맞는 말씀입니다. 현재라는 순간은 미래와 과거와 연결되어 있으며, 그 사이에는 어떤 경계도 없습니다. 경계가 없는 것, 이것이 바로 족첸 가르침의 핵심입니다. 경계가 없음을 알기 위해 현재에 집중하는 것입니다. 하지만 우리가 항상 무언가에 관여하고 있고 바쁘며, 과거와 미래에 매료되어 있다면 항상 경계가 있고 격차가 있다고 느낍니다. 그러니 이 모든 것으로부터 해방되는 순간을 알아보는 것은 무척 강력하고도 중요한 순간입니다. 우리는 이러한 인식을 '자기 해탈'이라고 부릅니다.

Q   린포체님, 저는 보통 하루 일과를 마치고 저녁이 되면, 마음이 꽤 편안하여 20분 정도 앉아 명상을 곧잘 할 때도 있지만, 반대로 굉장히 불안하고 무척 혼란스럽고 명상이 잘되지 않을 때도 있습니다. 그리고 지금껏 제가 배웠거나 배우려고 노력하는 것 중에 가장 어려운 것 중 하나가 그런 흔들림을 판단하지 않는 태도입니다. 마찬가지로 아주 차분하고 편안한 상태에서 명상할 때도 판단이 문제입니다. "흔들려서는 안 돼. 집중해야 해. 편안해야 해. 이 모든 것을 해야 해."라는 판단을 내려놓는 것이 힘듭니다. 아무튼 제가 판단만 하지 않으면 해결되긴 할 것 같습니다.

A   바로 그겁니다. 이 일곱 번째 명상에서는(여섯 번째 명상부터 조금씩 해 보긴 했습니다만) 각 상황에 적용할 수 있는 해결책이나 수단을 내려놓습

니다. 이 명상에서는 해결책이나 수단을 사용하지 않습니다. 그저 있는 그 대로 두고, 마음을 쉬게 합니다. 그렇게 할 수 있다면 마음은 자연스럽게 어떤 일이 일어나든 그 파도를 따르지 않게 됩니다. 제안하신 대로, 그대 로 내버려 두면 자연스럽게 변하게 될 것입니다. 반면, 지금 일어나고 있 는 일에 저항하려고 하면 더 많은 생각을 휘저어 놓을 수 있습니다. 말씀 하신 부분을 다른 분들도 이해할 수 있을 것 같긴 하지만, 이 부분은 매우 미세하고 설명하기 어려운 부분입니다.

Q 자신의 생각을 관찰하는 것에 대해 질문드리고 싶습니다. 린포체님께서 는 생각이 나타나면 그 생각들을 그저 관찰하고, 그다음에 보내 준다고 여 러 번 말씀하셨습니다. 그렇지만 저는 항상 제가 이미 생각을 해 버리기 전까지는 생각이 오는 것을 발견하지 못합니다. 이미 그 생각에 빠져들어 가 관여하고 있습니다. 이미 생각에 빠져서 그 생각에 갇혀 있으니 늦어 버린 것이죠. 그러니까 생각에 이미 빠져 버리기 전에는 그 생각을 관찰하 지 못하는 겁니다. 그러곤 "이런, 내가 생각에 빠져 버렸구나."라고 합니 다. 무슨 말인지 이해가 되시나요?

A 네, 그럼요. 일단 생각을 인식하면 다시 반복할 필요가 없다고 말씀드린 내용과 관련된 질문이네요. 생각에서 깨어나 "아, 이런!"이라고 하는 순간, 바로 그 순간이 깨어나는 순간입니다. 그러고 나면 어떤 곳으로도 다시 돌 아갈 필요가 없습니다. 그저 지금 여기에 머무릅니다. "좋아. 이제 정신 차 렸어. 그래." 하고요. 그런 다음 그 깨어난 상태를 가능한 오래 유지합니 다. 그러다 얼마 후에 다시 좀 의식이 흐릿해질 수 있습니다. 그러면 또다 시 깨어나서 "아, 이런!"이라고 하며 또다시 이어 가면 됩니다. 깨어난 그 생생해진 순간에 집중하세요. 무슨 일이 있었는지 다큐멘터리를 만들 필 요가 없습니다. 이해하시겠나요?

Q   (이어서) 생각에 집착하기 전에 실제로 그 생각이 떠오르는 것을 보실 수 있나요?

A   네. 족첸 가르침과 명상에는 해탈에 이르는 다양한 방법이 있습니다. 이를 '즉각적인 해탈' 또는 '일어남 즉시 해탈'이라고 합니다. 생각이 오는 것을 인식하기까지 걸리는 시간이 길 때도 있고 아주 짧을 때도 있습니다. 즉시 인식하려면 좀 더 편안해져야 합니다.

Q   각각의 일곱 가지 수행법마다 호흡을 어떻게 다르게 해야 하나요? 그리고 혀는 어디에 두어야 하나요? 혀를 항상 입천장에 붙여 두고, 언제나 숨을 따라가야 하는 건가요?

A   일반적으로 앉은 자세는 기본 명상에서 배운 자세를 유지하지만, 개념 짓지 않는 명상에서는 앉는 자세가 크게 문제가 되지 않습니다. 일곱 가지 명상을 해 나가며 점차 자신에게 가장 편안한 자세를 찾아가고 좀 더 여유롭게 자세를 잡아 볼 수 있습니다. 그러니 언제나 그렇게 정해진 자세를 유지하지는 않아도 됩니다. 호흡을 따라가는 것은, 고요히 머무는 명상에서 호흡을 대상으로 삼았을 때만 그렇게 하시면 됩니다. 숨 대신 꽃이나 다른 대상을 선택해서 집중할 수도 있습니다. 어떤 명상을 하든지 숨은 자연스럽게 쉬면 됩니다.

Q   린포체님, 개념 짓지 않는 명상을 걷기 명상에도 적용할 수 있을까요?

A   물론입니다! 예를 들어 숲속을 걷고 있다면, 기본적으로 숨을 바라보도록 합니다. 걷거나 춤추거나 무엇을 하는 중이든, 움직일 때 그 움직임과 숨을 통합시키면 집중이 아주 잘될 것입니다.

사유하기 II

대승, 금강승,
족첸 전통 수행 살펴보기

명상 수행 자체에 더 관심이 있는 분들은 「사유하기 I」에서 그랬던 것처럼 이 장도 그냥 넘어가서도 됩니다. 이 장은 일곱 가지 명상을 성공적으로 해내기 위해 반드시 알아야 하는 내용은 아닙니다. 하지만 티베트 불교에서 전통적으로 대승, 금강승, 족첸이 어떻게 나타나는지 궁금하다면 여기 있는 내용이 흥미로울 것입니다.

뒷부분에 나온 세 가지 명상인 대승, 금강승, 족첸 명상을 수행함으로써 우리는 내면의 풍경을 더 자세하고 정확하게 그려 낸 지도를 얻었습니다. 상좌부 전통에 기초한 앞의 네 가지 수행법으로 마음을 어느 정도 길들이지 않았다면, 이렇게 섬세하게 접근하는 명상법을 다루기 어려웠을 것입니다. 동시에, 자신의 능력이나 경험 수준에 대해 비판적이지 않은 태도를 가지는 것이 가장 좋습니다. 앞부분의 수행을 완벽하게 익혀야만 뒷부분의 수행에서 무언가를 얻을 수 있는 것은 아닙니다. 지금껏 보아 왔듯이, 기대에 사로잡혀 스스로를 괴롭히는 것은 명상 시간에 큰 걸림돌이 됩니다. 어떤 명상을 하든 쉼과 열림에 중점을 두고 지속적으로 부드럽게 노력해야 합니다.

이제부터는 잘 갖추어진 명상 수행의 전통적인 가르침에 대해 간략히 설명해 보겠습니다. 현대 명상가들이 이를 얼마나 잘 이해하고 수행할 수 있을지는 미지수입니다. 각자의 배경, 습관, 교육 수준과 업의 인연에 따라 다를 것입니다. 많은 서양인들이 아시아의 티베트 공동체 안에서 티베트 라마의 제자가 되어 근대 이전에 티베트에서 수행하던 전통적인 방식대로 평생 동안 티베트의 다르마를 수행하였습니다. 이와는 정반대로 '영적 수행 슈퍼마켓'을 가볍게 둘러보고, 직관과 경험만으로 이것저것을 종합하여 자신만의 길을 만들기를 선호하는 사람들도 있습니다.

일곱 가지 명상으로 구성된 이 프로그램은 전통적인 방식에 해당하지만, 오늘날의 명상가가 자신의 문화와 아주 다른 문화의 전통적인 수행법을 배우려고 할 때 생길 수 있는 오해가 발생하지 않도록 설명하고 있습니다. 또한, 예전 티베트 불교 수행자들은 겪지 않아도 됐던 어려움인 현대 생활의 긴장과 고단함도 다루고 있습니다. 그러나 그러면서도 수행의 핵심을 잘 담고 있습니다.

대승과 중도

대승은 '큰 수레'라는 뜻으로, 모든 중생을 윤회의 고통에서 벗어나게 하여 깨달음의 진정한 행복에 이르게 하겠다는 순수한 이타적 동기에 기초한 길이기 때문에 붙여진 이름입니다. 다른 이들의 고통에 대한 공감과 감수성이 보살행의 원동력이 됩니다. 그런데 이 훌륭한 수레를 굴리는 핵심은 지혜입니다. 대승불교는 중도(中道)와 분리할 수 없으며, 중도는 중관 철학을 통해 가장 명확하게 정의됩니다.*

중도의 관점은 윤회의 조건적인 이원론을 극복하게 해 주며, 수행자가 현실을 이해하는 방식을 바꿔 줍니다. 이는 자비와 지혜가 결합된 관점입니다. 앞서 설명했듯이, 우리는 보통 선과 악, 위와 아래, 적과 친구 등 양극단으로 물들고 조건 지어진 방식으로 현실을 봅니다. 이러한 편협하고 닫힌 마음의 태도는 이원성을 키우며, 고통의 근원이 됩니다. 증오, 탐욕, 무지, 질투, 아만이라는 다섯 가지 독을 일으키는 혼란은 우리가 누구이고 무엇인지에 대한 잘못된 이해에서 비롯됩니다. 우리의 정신과 마음의 혼란은 이러한 극단들 사이의 중도를 잘 이해하지 못하거나 중도를 따르지 않기 때문에 발생합니다. 항상 있다고 생각하는 견해

---

* 중관은 인도에서 성립된 비판적 불교 철학으로, 3세기의 현자 나가르주나(Nāgārjuna, 용수)에 의해 성립되었다.

(상견)나 없다고 생각하는 견해(단견)라는 두 가지 극단적인 견해에 빠지는 것입니다.

「사유하기 I」에서 다룬 바와 같이, 중도의 관점에 따르면 모든 존재의 본질은 절대적으로 존재하는 것도 아니며, 무의미하게 아무것도 없는 것도 아닙니다. 대부분의 경우 우리 마음은 항상 있다고 하는 견해로 기울어집니다. 우리는 우리가 여섯 가지 감각을 통해 인식하는 특징대로 우리가 진정으로 존재한다고 믿습니다. 생각과 감정을 포함한 이러한 특성을 실제로 존재한다고 여기며 붙잡습니다. 우리는 정체성을 더 견고하게 만들어, 적을 미워하고 친구를 원하며 질투와 아만에 쉽게 빠지고, 이 모든 것이 환상의 산물이라는 사실에 무지한 채 '인생의 진지한 일'을 받아들일 만반의 준비가 되어 있습니다.

그러다가 예상치 못한 충격적인 경험을 하거나 자신감을 잃거나 정신 질환을 겪는 등 모든 것이 산산조각 날 때, 우리는 다른 극단으로 치달아 인생에 의미가 없다고 느낍니다. 우리의 본성이 견고하고 명확하게 규정되어 있는 것도 아니고 아무 의미도 없이 공허한 것도 아니라는 것을 확실히 이해한다면, 스스로 만들어 낸 고통에서 벗어날 수 있을 것입니다. 고유한 실체는 비어 있지만 우리는 눈부시도록 아름답게 인식합니다. 모든 존재의 모든 고통이 불필요한 환상에 근거한 것임을 알게 되면, 우리는 무한한 자비심에 들어가게 됩니다.

전통적인 중도 수행은 모든 현상을 분석하는 것으로 시작합니다. 현상에 대한 분석을 통해 현상의 고유한 실체는 비어 있으며, 우리가 이 현상을 구분하여 인식하는 행위는 계속해서 변하고 상호 의존적으로 일어나는 것들에 우리가 인위적으로 이름 붙이는 행위임을 알게 됩니다. 이에 대해 앞서 「사유하기 I」에서 테니스 경기로 예를 들었습니다. 테니스 경기는 테니스공, 테니스 라켓, 최소 두 명의 선수, 테니스 코트, 경기

규칙을 다 합친 것을 '테니스 경기'라고 이름 붙인 것입니다. 그러나 이 모든 것 중에서 진짜 '테니스 경기'는 어디에 있을까요? 여러 조각 중 하나를 없애면 테니스 경기는 허물어집니다. (공, 라켓, 선수, 코트, 경기 규칙 없이 테니스를 쳐 보세요!) 테니스 경기가 무엇이냐는 질문에 이 요소들의 '집합'이 테니스 경기라고 대답한다면, 이 집합이라는 것은 대체 어디에서 찾을 수 있을까요? 테니스 경기의 본질이라고 할 만한 확실하고 독립적인 무언가는 없습니다. 테니스 경기는 상호 의존적인 활동에 이름 붙인 것입니다.

그렇다고 테니스 경기가 없는 것은 아닙니다. 테니스가 없다면 수백만 명의 사람들이 테니스를 치고, 테니스 장비를 구입하고, TV를 통해 열광적으로 테니스 경기를 시청하지 않았을 겁니다. 우리가 '테니스 경기'라고 부르는 것은 실제로 존재합니다. 하지만 다른 모든 것과 마찬가지로, 우리가 상상하는 것만큼 견고한 것은 아닙니다. 마음을 열어 테니스라는 것이 전통적으로 존재하는 즐거운 환상이라고 받아들일 수도 있지만, 궁극적으로는 그렇지 않습니다. 중관의 용어로 설명하자면 '궁극적으로 테니스 경기라는 고유한 실체는 비어 있는 것'입니다.

전통적인 중도 명상인 중관 수행은 이러한 방식으로 현상을 시험해 보고, 이를 통해 우리가 가진 조건화로부터 점차 (또는 갑작스럽게) 해방시켜 주는 경험인, "그렇구나!" 하고 깨닫는 경험을 하는 것으로 이루어져 있습니다. 시간이 흐름에 따라 의식은 매우 미세하고 정교하게 다듬어집니다. 우리는 개념적이거나 조작되지 않은, 우리가 상상할 수 없는 열림에 이르게 됩니다. 목표는 이원적이지 않음을 직접 인식하는 것입니다. 우리는 선과 악, 위와 아래, 적과 친구를 넘어 마음을 엽니다.

기대와 두려움

기대와 두려움에 집착하는 것은 지혜를 향한 길에 걸림돌이 되는 주요 장애물 가운데 하나입니다. 기대와 두려움은 사실 동전의 양면과 같습니다. 기대하는 마음은 우리가 바라는 일이 일어나지 않을지도 모른다는 두려움과 묶여 있습니다. 또한, 직장에서 해고당하는 것을 두려워하면 해고당하지 않기를 바라는 마음도 함께 생깁니다. 이러한 습관을 고수하는 것은 긴장을 만들어 낼 뿐임을 알고, 그저 편안하게 현상을 관찰함으로써 그 사이의 중간 지점을 찾을 수 있습니다. 우리의 마음이 만들어 내는 기대와 두려움은 조건 지어진 반복되는 윤회의 모습의 결과로 나타나는 것입니다.

기대와 두려움이 생겨나는 밑바탕은 굉장히 감지하기 어려울 수 있습니다. 우리는 오랫동안, 아마도 여러 생에 걸쳐 기대와 두려움과 함께했을 것입니다. 미세한 기대와 두려움이 나타나는 것을 알아차리지도 않고, 편안해하지도 않고, 그런 것들에 열려 있지도 않은 채 명상한다면, 우리의 수행은 이러한 환영에 지배되어 끌려다니게 될 것입니다. 자신을 해방시키는 수행이 아니라 스스로 계속해서 노예가 되는 수행을 하게 될 것입니다. 미세한 두려움과 집착은 감지하기 어렵기 때문에 가장 어려운 걸림돌이 됩니다. 하지만 우리의 마음이 더 미세해지고 지혜로워지면 이러한 숨겨진 함정들을 점점 더 명확하게 알아차릴 수 있게 되어, 미세한 기대와 두려움을 인식하는 것만으로도 함정에서 빠져나올 수 있게 됩니다. 우리가 기대와 두려움을 붙잡거나 기대와 두려움에 관여하지 않으면, 우리를 지배할 수 없습니다.

의례 수행

일곱 가지 명상은 티베트 불교의 어느 학파에도 속하지 않는 방식으로 티베트 불교 수행을 해석한 것이므로 종교적 의례나 종교성이 필요하지 않습니다. 가피 같은 '종교적'인 용어도 우리가 현실이라고 부르는 것에서 나오는 에너지라고 단순하게 보면 됩니다. 그렇다고 해서 불교 수행과 상충되는 것도 없습니다. 그런데 불교, 특히 티베트 불교는 의례로 유명합니다. 신성한 춤, 독특한 티베트 악기 소리, 바닥에 고운 색 모래로 그린 복잡한 만다라(우주를 표현하고 영적 속성을 상징하는 성스러운 무늬), 탕까 그림의 성스러운 이미지 같은 것들을 미디어를 통해 접해 본 적 있을 것입니다.

티베트 새해 기념일(로쌀, ལོ་གསར)을 기념하는 의례부터 치유, 장수, 번영을 기원하는 의례, 망자를 위한 정교한 의례에 이르기까지 다양한 목적을 가진 의례가 있습니다. 심지어는 고인이 깨달음을 얻거나 좋은 곳에 환생할 수 있도록 돕는 의례도 있습니다. 의례 수행은 전통적으로 대승, 금강승 및 족첸 수행을 뒷받침하는 중요한 역할을 합니다.

이 중 가장 중요하고 보편적인 의례 중 하나이자 다른 많은 의례의 기초가 되는 것은 티베트어로 '예비' 또는 '기초' 의례를 뜻하는 '온도(སྔོན་འགྲོ)' 수행입니다. 온도 수행은 부처님과 다르마와 상가(수행자 공동체)에 귀의하기, 보리심 일으키기, 금강살타(Vajrasattva) 부처님을 시각화하고 만트라를 염송하며 부정성과 과거의 업 정화하기, 시각화한 만다라를 공양 올리며 공덕(영적인 힘) 쌓기, 구루 요가(수행자를 궁극적인 현실과 연결시켜 주는 가피의 한 형태)의 다섯 가지를 차례대로 수행합니다.

귀의를 간단히 설명하자면, 깨달음을 이룰 때까지 불자의 길을 가는 동안 정식으로 이끎과 가호를 받는 것입니다. 신성한 조각상이나 그림 앞에서 절하면서 짧은 귀의 만트라를 함께 염송하곤 합니다. 보리심은 앞서 살펴본 바와 같이 모든 존재를 위해 깨달음을 얻고자 하는 소망이자 수행의 근본 동기인 자애와 자비의 마음입니다. 정화는 우리가 가는 길의 장애물을 제거할 수 있도록 돕습니다. 구루 요가의 가피가 마음의 진정한 본성을 맛보여 줄 수 있는 것처럼, 공덕은 수행에 힘을 실어 주는 데 필요합니다.

금강승 불교

전통적인 금강승 수행은 본존을 중심으로 이루어집니다. 간단히 말해, 본존 수행은 자격을 갖춘 스승으로부터 관정과 가르침을 받아, 자신이 받은 관정의 특정한 본존을 수행자 자신의 몸 바깥에 시각화하거나 자신의 몸에 본존을 시각화하거나 아니면 자기 자신을 본존으로 시각화하는 수행을 포함합니다. 자기 자신을 본존으로 시각화하는 방법으로 수행할 때는 세속적 인격체로서의 자신이 비어 있음을 인식하고 본존의 품성에 물들거나 자신의 인식으로부터 본존의 품성이 일어나게 하는 것이 이상적입니다. 이렇게 자기 자신이 본존이 '되는' 것입니다.

이렇게 되면, ('신성하게 바라봄'이라고도 하는) 청정 지각을 경험하게 됩니다. 인식하는 모든 생각은 본존의 마음이고, 보이는 모든 것은 본존의 몸이며, 모든 소리는 본존의 만트라입니다. 또한, 주변의 모든 환경이 본존의 청정한 땅으로 보입니다. 금강승을 따르는 제자는 항상 청정 지각을 유지해야 합니다.

이것은 복잡한 본존 수행에 대한 매우 기본적인 설명입니다. 본존 수행을 할 때는 만트라 염송도 많이 하고 시각화도 많이 하며, 사다나(sādhanā)라고 하는 길고 짧은 문헌을 함께 수행해야 합니다. 본존 수행을 배우는 방법은 매우 다양하며, 공성에 대한 비개념적인 깨달음이 확실하지 않은 경우에는 개념적인 수행으로 본존 수행을 시작합니다.

본존은 깨달은 성품을 상징하며, 본존의 옷, 장신구, 법구*도 그러한 성품을 나타냅니다. 본존이 들고 있는 종은 공성을, 목걸이는 정진을 상징합니다. 이처럼 스스로 본존이 됨으로써 수행자는 깨달은 마음과 시야를 경험하게 됩니다. 그것이 바로 현실에 대한 청정 지각입니다.

금강승를 설명하는 핵심 단어는 변형입니다. 청정 지각을 통해 우리의 성격과 환경이라는 평범한 세계는 참된 깨달음의 본성으로 변형됩니다. 우리가 여기서 함께한 여섯 번째 명상에서 훨씬 덜 복잡하고 유기적인 방식으로 청정 지각에 도달하게 됩니다.

족첸

마지막 명상은 족첸에 대한 소개입니다. (족첸 수행은 아티 요가 또는 마하 상디(mahāsaṅdhi)라고도 합니다. 족첸은 티베트 불교의 닝마 전통과 가장 밀접한 관련이 있습니다. 티베트 불교의 다른 전통에도 비슷한 수행법이 있습니다.) 롱첸빠는 족첸을 일러, 다른 모든 낮은 봉우리인 다른 수행과 전통을 모두 명확하게 볼 수 있는 불교 수행의 정점이라고 표현하였습니다. 즉, 족첸 수행은 완전하고 모든 수행을 능가하는 것이기

---

* 법구(法具)는 불교 의례 수행을 할 때 사용하는 불교 의례 용품을 뜻한다. - 역자 주

에 그 안에 모든 수행이 담겨 있다는 뜻입니다.

특히 족첸의 가르침은, 우리의 본성은 본래 청정하며 모든 존재들에게는 완전한 깨달음인 불성이 있고, 바로 이것이 마음의 참 본성이라는 견해를 토대로 합니다. 안과 밖의 모든 존재는 비이원적이며 깨달음의 본성입니다. 그렇기 때문에 이 일곱 가지 명상 중 어떤 것을 수행하더라도 이 참 본성을 경험할 수 있는 것입니다. 살면서 한 번도 명상을 해 본 적 없는 사람이 참 본성을 경험할 수도 있습니다. 완벽한 깨달음이란 우리가 누구이며 무엇인가에 대한 실상을 깨닫는 것입니다. 따라서 샤마타와 위파사나를 수행하면(그저 몸과 함께 쉬고 있으면) 윤회의 구름이 걷히고 항상 그곳에 있던 깨달음의 태양이 떠오를 수도 있습니다.

하지만 어떻게 해야 그 깨달음을 지속하며 항상 참 본성을 경험할 수 있을까요? 물론 강제로 그렇게 할 수는 없습니다. 한마디로, 현실의 참 본성과 하나 될 수 있는 미세한 차원의 마음에서 깊이 쉬는 것이 관건입니다. 그러니 우리가 지금까지 잘못 인식해 온 현실을 바로 보는 것에 익숙해지기 위해 가능한 자주 수행해야 합니다. 그러려면 족첸 수행을 방석 위에서 일상으로 확장하는 것이 매우 중요합니다. 이것이 바로 뒤에 이어 하는 명상 수행입니다.

전통적인 족첸에서는 본존 요가, 구루 요가 등의 수행법을 보조 수단으로 활용합니다. 구루 요가에서 수행자는 자신의 스승을 파드마삼바바와 분리할 수 없는 존재로 인식합니다. 그런 다음 본존인 파드마삼바바로부터 몸과 말과 마음의 가피를 받아 마침내 마음의 참 본성 안에서 쉬게 됩니다. 온도는 족첸을 위한 중요한 보조 수행이기도 합니다. 물론 다른 모든 수행법과 마찬가지로 보리심은 족첸에서도 가장 중요한 동기입니다. 사실, 모든 존재가 고귀한 부처님의 본성을 지니고 있음을 인식하여 절대적인 보리심을 경험하면, 더욱 쉽고 강력하게 보리심을 얻을 수 있고 보리심이 더 안정적이 될 것입니다. 이러한 모든 수행에는 반드시 헌신과 믿음이 있어야 합니다. 오직 스승에 대한 헌신을 통해서만 스승의 깨달은 마음과 제자의 마음이 '한맛'으로 섞인다고 합니다. 이러한 헌신이 깨달음으로 이어질 수 있습니다.

　족첸의 기본 가르침은 단순한 편이지만, 족첸 수행의 장애물은 매우 미세하여 알아보기 어려울 수 있습니다. 행복한 경험에 집착하고 부정적인 경험에 반발하는 등 많은 함정이 도사리고 있으며 족첸 수행에서는 이런 모든 함정이 나타나게 됩니다. 그러니 치우침 없이 공평하게 이 모든 것을 수행의 길에 있다는 신호로 삼아야 합니다. 그렇기 때문에 족첸의 길을 완전히 성취하기 위해서는 대부분의 제자들에게 자격을 갖춘 스승이 필요합니다.

나오는 글

티베트에서는 전통적으로 요기, 요기니, 출가자, 재가자 모두 명상 수행을 합니다. 요기와 요기니는 명상 스승의 지도에 따라 숲이나 동굴, 오두막같이 따로 외떨어진 곳에서 오랜 시간을 보내는 비구 스님, 비구니 스님, 또는 재가 수행자를 뜻합니다. 스님들은 사찰에서 요기, 요기니들과 비슷한 수행 지도를 받아 명상 수행을 할 수 있지만, 모든 스님들이 명상을 하는 것은 아닙니다. 많은 스님들은 지역 사회에 필요한 의례를 집전하는 데 전념하거나 (사원 시설을 관리하는 등의) 지원 활동을 하거나 학자나 강사 스님으로 활동합니다. 재가 수행자들은 명상을 열심히 하는 사람도 있고, 거의 하지 않는 사람도 있습니다. 각자의 영감과 동기, 삶의 환경에 따라 다릅니다. 위대한 요기 밀라래빠의 스승 마르빠 (Marpa)는 가정을 이룬 부유한 농부이자 유명한 불교 역경사이셨습니다. 또한 티베트 전통에서 성인으로 여길 만큼 높은 깨달음을 이루신 스승이자 티베트 불교 주요 전승의 시조이시기도 합니다.

현대 명상 수행자들 중에도 요기와 출가자들이 있기는 하지만, 대부분의 사람들은 이런 방식에 따라 수행할 만한 시간과 환경을 갖추기가 어렵습니다. 우리는 빠르게 움직이는 현대 사회에서 자랐고, 우리들 대부분은 교육, 문화, 습관과 (솔직히 말해) 여러 흥밋거리에 묶여 있습니다. 대부분의 사람들이 이에 만족하고 있거나, 만족하지는 않더라도 최소한 이런 상황을 있는 그대로 받아들이기는 합니다.

명상에 관심이 있는 대부분의 현대인은 업무, 경쟁, 학업, 심지어 가정 생활에서조차 압박이 심한 오늘날의 환경에 압도되어 생긴 스트레스의

해독제로 명상에 매력을 느끼는 것 같습니다. 우리에게는 더 이상 여유롭거나 평온하게 무언가를 할 수 있는 시간이 없습니다. 서둘러야 하고, 그것이 스트레스가 됩니다.

하지만 마음은 도대체 왜 그렇게 바빠야 할까요? 사람들이 행복, 우정, 안락, 사랑, 성공, 잘 살고 있다는 느낌을 추구하는 것은 자연스럽고 좋은 일이지만, 이러한 욕구를 충족하기 위해 물질세계에 의존하는 큰 실수를 저지르고 있기 때문에 마음이 그토록 바쁜 것 같습니다. 물질주의를 기반으로 하는 생활 방식은 진실하지 않고 무정하며, 자아와 욕망에 얽매인 세상을 만듭니다. 물질에서 행복의 열쇠를 얻겠다고 서두르다 보면 스트레스를 많이 받게 되지만, 그에 대한 보상은 결국 공허하고 덧없습니다.

불안감과 스트레스를 해소시키는 것이 건강에 좋다는 것은 이미 밝혀졌으며, 명상이 불안감과 스트레스를 완화시켜 준다는 것도 입증되었습니다. 우리는 명상을 통해 잠시나마 속도를 늦추고 삶의 균형을 되찾을 수 있습니다. 명상으로 삶의 스트레스를 줄일 수 있는 것은 물론 당연히 좋습니다. 게다가 쉼은 우리 모두가 찾는 행복을 가져다줍니다. 우리는 우리 안에 진정한 행복인 내면의 행복을 위한 잠재력을 가지고 있습니다. 즉, 저절로 일어나는 기쁨은 우리 마음과 우리의 본성 안에 원래 있는 것입니다. 명상을 통해 편안해지면 외부 자극에 기대지 않은 행복감과 내면의 평화를 느낄 수 있습니다. 오늘날 점점 더 많은 사람들이 부처님께서 말씀하신 첫 번째 고귀한 진리인 깊고 근본적인 삶의 고통을 인식하고 있습니다. 그리고 그걸 인식하고 있는 많은 사람들에게 명상은 고통의 해독제에 불과한 것이 아닌, 고통의 치료법이 됩니다. 여기에 소개된 일곱 가지 명상은 고통의 진정한 원인을 인식하고 끈기 있게 명상하면 고통을 극복할 수 있다는 믿음직한 길을 보여 줍니다. 그리고 현대의 생활 방식을 버리고, 더 집중적으로 전통적인 방법에 따라 수행하여 윤회로부터 벗어나고자 하는 영감을 받은 분들에게는 그 모험의 첫 걸음이 될 것입니다.

어떻게 수행하는가?

이 책은 명상에 대한 일반적인 소개로 읽힐 수 있지만, 본질적으로는 단계별 수행 프로그램입니다. 어쩌면 이 책을 처음부터 끝까지 빠르게 읽고 몇 가지 개념들을 골라 시험해 보기 시작한 분도 있을 것입니다. 각자의 목표와 관심사가 무엇이냐에 따라 그렇게 하는 것도 괜찮을 수 있습니다. 하지만 다음 단계로 넘어가기 전에 좀 더 인내심을 가지고 일곱 가지로 구성된 일련의 명상법에 대한 경험을 쌓으면 더 나은 결과를 얻을 수 있습니다. 앞서 「시작하는 글」에서 소개해 드렸다시피, 저의 제자들은 한 해 동안 이어지는 과정으로 상당히 많은 것을 얻었으며, 해마다 반복하여 수행하며 수행의 깊이를 더해 가고 있습니다.

그렇게 하면서 주로 티베트 전통에서 가져온 (「사유하기 I, II」에서 설명된 것 같은) 보충 자료를 찾아서 자신들의 수행에 적용하기도 하였습니다. 그리고 많은 분들이 자신의 명상을 확장시키고 깊이를 더하기 위해 다른 전통의 수행도 차용해 왔습니다. 일곱 가지 명상 프로그램은 좋은 명상 자세와 같이, 도움이 될 만한 것들을 제공하면서도 유연한 방식으로 고안되었습니다. 이 수행을 향상시키는 데 활용하실 수 있도록 추천 도서 목록을 뒤에 실어 두었습니다.

명상을 처음 해 보지만 명상이 자신에게 도움이 될 것 같다고 느낀다면, 매일 짧은 시간이라도 앉아서 명상해 보시기를 다시 한번 권해 드리고 싶습니다. 하루 일정이 꽉 차 있더라도 일정을 약간 조정하면 잠깐이라도 앉을 시간을 마련할 수 있을 것입니다. 처음에는 명상 시간을 짧게 하여, 한 명상 방법을 충분히 느낄 수 있을 만큼 충분히 오랜 기간 동안 그 명상법을 수행해 보세요. 각각의 명상이 편안하게 느껴지고 이해할 수 있는 친구가 될 때까지 계속해 봅니다. 그 수준에 이르렀다면, 다음 명상으로 넘어가세요. 가끔씩은 익숙해진 명상을 복습하여 각 명상들 사이의 연관성을 살펴보는 것도 좋습니다. 이를 통해 많은 것을 배울 수 있습니다. 규칙적으로 명상하는 좋은 습관이 들고 나면, 명상하고 있지 않을 때에 명상이 그리워질 것입니다.

앉아서 하는 명상이 안정되기 시작하면 명상을 일상생활로 확장해 보세요. 하루를 보내면서 내가 어디에 있고, 무엇을 하고 있는지 마음을 챙기도록 해 보세요. 여러 활동 사이사이 잠시 멈추는 시간에 시각적인 대상이나 만트라, 긍정적인 생각에 집중하며 마음을 쉬게 할 수 있습니다. 생활 속 명상이 앉아서 하는 명상과 통합되면서, 명상의 힘이 더 강해지고 명상이 주변 환경과 조화를 이루며 잘 흘러가게 되는 두 가지 이익이 있음을 느끼기 시작할 것입니다. 우리가 더 편안해지면 친구, 동료, 낯선 사람과 더 쉽게 소통할 수 있을 것이고, 주변에 있는 이들에게 더 따스해질 것이고, 서로를 더욱 존중하게 되고 우정을 나누게 될 것입니다. 그러다 마침내 노력하지 않아도 다른 이들에게 도움을 줄 수 있음을 알게 될 것입니다.

명상에 더 깊게 연결되었다면, 자격을 갖춘 스승을 찾는 일을 소홀히 하지 마세요. 명상을 새로 시작하는 사람과 명상에 경험이 많은 사람 모두 어려움에 직면할 때가 있습니다. 이런 문제를 스스로 해결할 수 있다고 할지라도, 자격을 갖춘 스승의 도움을 받으면 시간을 많이 절약할 수 있습니다.

마지막으로, 이타적인 동기를 키워 나가는 것이 얼마나 중요한지 절대 잊지 마세요. 자비심과 자애심(보리심)이 우리 마음을 얼마나 크게 열어 줄 수 있는지, 그런 경험에서 온 사랑의 에너지가 우리의 수행과 삶에 얼마만큼 활력을 줄 수 있는지 알게 된다면 정말 놀랄 것입니다. 이러한 긍정적인 품성이 수행에 뿌리를 내리면 명상을 삶의 일부로 만들었다는 사실에 크게 기뻐하게 될 것입니다.

'보리심 사행 기도'라는 널리 알려진 기도문으로 이 글을 마무리하겠습니다.

고귀한 최상의 보리심이
아직 일어나지 않은 이들에게서 일어나기를.
일어난 이들에게서는 줄어들지 않고
끊임없이 더욱더 늘어나기를.

추천 도서

첫 번째 명상

Johnson, Will. *The Posture of Meditation: A Practical Manual for Meditators of All Traditions*. Boston: Shambhala, 1996.

두 번째 명상

The Dalai Lama, Stages of Meditation, .Ithaca, NY: Snow Lion, 2003.
   [This is H. H. the fourteenth Dalai Lama's commentary on Kamalashīla's Stages of Meditation.]
*국문 번역서
달라이 라마 지음, 이종복 옮김, 『달라이 라마, 수행을 말하다』, 담앤북스 (2021)

Lamrimpa, Gen. *Calming the Mind: Tibetan Buddhist Teachings on the Cultivation of Meditative Quiescence*. Ithaca. NY: Snow Lion, 1992.

네 번째 명상

Anālayo. *Satipatthana: The Direct Path to Realization. Birmingham,* UK: Windhorse, 2004.

Wallace, B. Alan. *Minding Closely: The Four Applications of Mindfulness. Ithaca, NY: Snow Lion, 2011.*

다섯 번째 명상

Khyentse, Dilgo. *The Heart of Compassion.* New Delhi: Shechen, 2006. [Reprinted as *the Heart of Compassion: The Thirty-seven Verses on the Practice of a Bodhisattva*(Boston: Shambhala, 2007).]

McLeod, Ken. *Reflections on Silver River: Tokme Zongpo's Thirty-seven Practices of a Bodhisattva.* Los Angeles: Unfettered Mind, 2014.

Shantideva. *The Way of the Bodhisattva.* Translated by the Padmakara Translation Group. Boston: Shambhala, 1997.
*국문 번역서
샨띠데바 지음, 청전 옮김,『샨띠데바의 입보리행론』, 담앤북스 (2022)

Trungpa, Chögyam. *Training the Mind and Cultivation Loving-Kindness.* Boston: Shambhala, 2003.

*국문 번역서

초걈 트룽파 지음, 김성환 옮김,『자비심 일깨우기』, 참글세상 (2013)

여섯 번째 명상

The Dalai Lama. *The World of Tibetan Buddhism: An Overview of Its Philosophy and Practice*. Boston: Wisdom, 1995.

Trungpa, Chögyam. Journey *Without Goal: The Tantric Wisdom of the Buddha*. Boston: Shambhala, 2000.

Yeshe, Thubten. *Introduction to Tantra: The Transformation of Desire*. Editied by Jonathan Landaw. Boston: Wisdom, 2001.

일곱 번째 명상

Nyima, Chokyi. *Indisputable Truth: The Four Seals That Mark the Teachings of the Awakened Ones*. Hong Kong: Ranjung Yeshe, 1996.

Schmidt, Marcia Binder. *Dzogchen Primer: An Anthology of Writings by Masters of the Great Perfection*. Boston: Shambhala, 2002.

Tsoknyi, Drubwang. *Carefree Dignity: Discourses on Training in the Nature fo Mind*. Hong Kong: Ranjung Yeshe,1998.

Wolter, Doris. *Losing the Clouds, Gaining the Sky: Buddhism and the Natural Mind*. Boston: Wisdom, 2007.

불교 일반

Bhikkhu Ñānamoli. *The Life of the Buddha: According to the Pali Canon*. Onalaska, WA Pariyatti, 2003.

Chödrön, Pema. *Start Where You Are: A Guide to Compassionate Living*. Boston: Shambhala, 2001.
*국문 번역서
페마 쵸드론 지음, 이재석 옮김,『지금 있는 곳에서 시작하라』, 한문화 (2015)

Hanh, Thich Nhat. *The Miracle of Mindfulness: An Introduction to the Practice of Meditation*. Boston: Beacon Press, 1999.
*국문 번역서
틱낫한 지음, 이현주 옮김,『틱낫한 명상』, 불광출판사 (2015)

Patrul Rinpoche, Dilgo Khentse Rinpoche. *The Heat Treasure of the Enlightened Ones: The Practice of View, Meditation, and Action*. Boston: Shambhala, 1993.

Sogyal Rinpoche. *The Tibetan Book of Living and Dying*. San Francisco: HarperSanFrancisco, 2012.

*국문 번역서

소걀 린포체 지음, 오진탁 옮김, 『죽음으로부터 배우는 삶의 지혜』, 판미동 (2009)

Surya Das, Lama. *Awakening the Buddha Within: Tibetan Wisdom for the Wester World*. New York: Broadway Books, 1998.

Tulku Urgyen Rinpoche. *Blazing Splendor: The Memoirs of Tulku Urgyen Rinpoch*. Hong Kong: Ranjung Yeshe, 2005.

환생

Stevenson, Ian. *Where Reincarnation and Biology Intersect*. Westport, CT: Praeger, 1997.

Tucker, Jim B. *Life Before Life: Children's Memories of Previous Lives*. New York: St. Martin's Griffin, 2008.

비어 있음(중관)

Nāgārjuna. *The Fundamental Wisdom of the Middle Way: Nāgārjuna's Mulamadhyamakakarika*. Translated by Jay L. Garfield. Oxford: Oxford University Press, 1994.

*국내 출간 참고서(역자 추천)

김성철 지음, 『중론』, 도서출판 오타쿠 (2021)

용수, 가츠라 쇼류, 고시마 기요타카 지음, 배경아 옮김, 『중론』, 불광출판사 (2018)

Chandrakirti and Ju Mipham. *Introduction to the Middle Way: Chandratirti's "Madhyamakavatara" with Commentary by Ju Mipham*. Translated by the Padmakara Translation Group. Boston: Shambhala, 2005.

Wallace, B. Alan, and Brian Hodel. *Embracing Mind: The Common Ground of Science and Spirituality*. Boston: Shambhala, 2008. [Contains a simplified explanation of emptiness derived from Nāgārjuna's Mulamadhyamakakarika.]

영성과 과학

The Dalai Lama. *The Universe in a Single Atom: The Convergence of Science and Spirituality*. New York: Harmony Books, 2006.

*국내 번역서

달라이 라마 지음, 삼묵 옮김, 『한 원자 속의 우주』, 하늘북 (2007)

Ricard, Matthieu, and Trihn Xuan Thuan. *The Quantum and the Lotus: A Journey to the Frontiers Where Science and Buddhism Meet*. New York: Broadway Books, 2004.

Wallace, B. Alan (ed.). *Buddhism and Science: Breaking New Ground*. New York: Columbia University Press, 2003.

Wallace, B. Alan. *The Taboo of Subjectivity: Toward a New Science of Consciousness*. Oxford: Oxford University Press, 2004.

명상과 건강

Benson, Herbert. *Relaxation Revolution: The Science and Genetics of Mind Body Healing*. New York: Scribner, 2011.

*국내 번역서

허버트 벤슨 지음, 이세구 옮김, 『이완혁명』, K-BOOKS (2013)

Thondup, Tulku. *Boundless Healing: Meditation Exercises to Enlighten the Mind and Heal the Body*. Boston: Shambhala, 2013.

용어 해설

가피

명상 수행이나 깨달은 존재로부터 받는 영적 에너지, 영감.

고요히 머무름(티베트어: 시내, ཞི་གནས་, 산스크리트어: 샤마타, śamatha)

대상에 편안하게 집중하여 얻게 되는 정신적 고요함.

그대로 있지 않음(무상, 無常)

불교에서는 모든 조건 지어진 존재들의 현상이 일시적으로 일어나고, 머무르고, 사라진다고 한다. 모든 복합적인 현상은 그대로 있지 않는다. 그대로 있지 않음은 고통(고, 苦)과 '나'라고 할 것이 없음(무아, 無我)과 더불어 불교 교의의 세 가지 핵심(삼법인, 三法印) 중 하나이다.

금강승

'금강 수레'를 의미하는 산스크리트어 바즈라야나(Vajrayāna)에서 온 말이다. 경험하는 모든 것이 원래 청정하고 깨달은 것이라고 보는 불교 전통으로, 순수한 지각을 강조한다. 4~6세기에 인도에서 나타났다.

깊은 마음

지혜의 깊은 마음, 가슴, 영적인 정신이라고도 한다. 선함과 긍정성과 지혜의 에너지 중심으로, 인간의 영적인 정신과 동의어이다. 이 마음의 물리적 위치는 가슴 중앙으로, 뇌와 혼동해서는 안 된다.(깊은 마음의 진정한 내적 의미는 경험과 직관을 통해 배워야 한다.)

깨달음
모든 무명을 정화하고 모든 것을 아는 지혜를 완성하여 자기 마음의 참된 본성을 깨우침.

깨어 있는 상태
마음의 본성, 의식의 본질 등에 대한 인식.

다르마(Dharma)
불교적인 맥락에서 쓰일 때는 불교의 가르침과 수행을 뜻한다. 더 일반적인 용법으로 쓰일 때는 모든 현상을 뜻한다. (이 경우 영문에서는 모두 소문자로 표기한다.)

대승 불교
'큰 수레'를 의미하는 산스크리트어 마하야나(Mahayāna)에서 온 말로, 1세기경 인도에서 나타난 불교 전통이다. 대승 불교의 수행자들은 모든 중생이 윤회의 고통에서 벗어나기 바라는 마음으로 깨달음을 구한다.

뒤에 이어 하는 명상
앉아서 하는 정식 명상 외의 모든 상황에서 족첸 명상 수행을 이어 가는 것이다.

드넓음
열려 있고 깨어 있으며 산란하지 않은 상태.

릭빠

티베트어 릭빠(རིག་པ)는 보통 '앎', '지식'으로 번역되지만, 초월적인 지식, 시간을 초월한 인식을 가리키는 용어이다. (아래 '마음의 본성' 참고)

마음 챙김

정신적으로 현존함. 편안한 상태로 대상에 집중하는 동안 마음이 산란해지지 않음.

마음의 본성

인식의 본성, 깨어 있는 상태, 본래 인식, 본질적 마음, 궁극적 시각, 궁극적 지혜, 시간을 초월한 인식, 초월적 지식, 법신(法身), 릭빠 등과 동의어이다.

만트라(mantra)

'마음 보호'를 의미하는 산스크리트어 마나 트라야(mana traya)를 줄인 말. 불교의 만트라는 중요한 상징적 의미를 담고 있으며, 소리를 내는 것만으로도 이익이 되는 염송구이다.

맥, 바람, 에너지(또는 명점)

(산스크리트어: 나디, nāḍī/ 쁘라나, prāṇa/ 빈두, bindu. 티베트어: 짜, རྩ/ 룽, རླུང་/ 틱레, ཐིག་ལེ)
티베트 불교에서는 이를 미세한 몸을 구성하는 정신 에너지 체계라고 한다. 간략하게 일반적인 말로 설명하자면, 에너지가 바람을 타고 맥 안에서 움직인다는 것이다. 중국 침술과 태극권, 기공에도 비슷한 체계가 있다. 형태가 없는 몸이라고도 한다.

미세한 몸

형태가 없는 몸이라고도 한다. 앞에 나온 '맥, 바람, 에너지' 참고.

반 연꽃 자세

연꽃 자세와 비슷하다. 한쪽 발만 허벅지 위에 두고 다른 발은 바닥에 둔다. 왼발을 보기로 든다면, 왼발을 오른쪽 허벅지 위에 두고, 오른쪽 발은 왼쪽 허벅지나 무릎 아래 바닥에 둔다.

버마식 자세

왼발을 사타구니 쪽에, 오른발은 그 앞에 놓는 자세. (양발의 위치가 서로 바뀌어도 된다.)

보리심

자기 자신과 다른 이들에 대한 자애와 자비의 마음. 불교에서는 보리심을 상대적 보리심과 절대적 보리심으로 나눈다. 상대적 보리심은 자애와 자비의 마음을 기르는 개념적인 수행이며, 절대적 보리심은 릭빠, 본래 청정 등과 비슷한 말이다. 모든 존재를 위하여 깨달음을 이루고자 하는 염원이라고 정의하기도 한다. 깨어 있는 마음과 비슷한 말이다.

본래 청정

마음의 본성, 시간을 초월한 인식, 절대적 보리심, 릭빠 등과 비슷한 말이다.

부처

완전히 깨달은 존재 모두. (역사적 부처님인 석가모니 부처님이나 미래 시대의 부처님인 미륵부처님 등 특정 부처님을 일컫는 말과는 다른 말이다.)

붙듦

대상이나 견해에 대한 습관적이고 무의식적인 집착. 자아 집착 같은, 붙들고 놓지 않는 마음(취착, 取着)과 유사하다.

비로자나 부처님의 일곱 가지 자세

간단히 정리하면 다음과 같다. ① 다리를 겹쳐 바닥에 앉고, ② 등은 곧게 펴서 편안하게 하며, ③ 턱은 안으로 당기고, ④ 시선은 약간 아래로 향하며, ⑤ 어깨는 멍에 모양으로 하고, ⑥ 팔은 나란히 내리고, ⑦ 혀는 입천장에 붙인다.

비어 있음(공성, 空性)

간략하게 일반적인 말로 설명하자면, 어떤 현상도 서로 의존하지 않고 존재하지는 않는다는 것이다. 나타나는 모든 것은 별개의 개체로 존재하는 것이 아니라 조건 지어져 일어나는 현상이다. 비어 있음은 양극단에서 벗어난 지혜 마음을 통해 인식할 수 있으며, 이를 텅 비어 있는 '아무것도 아님'과 혼동해서는 안 된다.

사마디(samādhi, 마음을 하나로 모으는 명상)

산스크리트어 디야나(dhyana)와 비슷하며, 산스크리트어로 '비이원적인 의식'을 뜻한다. 이 상태는 주체와 객체가 분리되지 않는, 주객이 하나인 상태이다.

상대적인 보리심

주변 존재의 고통을 알아차리고 공감하는 것을 바탕으로 삼아 개념적으로 키우는 보리심이다.

수월한 자세

왼발은 오른쪽 허벅지 아래에, 오른발은 왼쪽 무릎 아래에 들어가게 다리를 겹쳐 앉는다. (어느 정도 시간이 지나면 반대로 앉는다.)

순수한 인식, 순수한 시각

신성한 관점이라고 불리기도 한다. 일반적으로는 모든 현상의 순수한 깨달은 본성을 보는 것을 뜻한다. 본존 수행에서는 모든 생각을 본존의 마음으로, 모든 소리를 본존의 말로, 모든 보이는 것을 본존의 몸으로 인식하는 것을 뜻한다.

신성한 관점

순수한 인식, 순수한 지각과 비슷한 말.

아무것도 아님

무미건조한 공허함, 무의미함, '빛과 에너지가 없는 블랙홀'을 표현하는 허무주의적 견해이다.

상호 의존

불교, 특히 중관 전통에서는, 모든 현상은 다른 현상에 의존하여 존재한다. 여기에는 현상에 이름 붙이는 의식도 포함된다. 서로 의존하기 때문에 모든 현상에는 독립성이나 고유한 존재성이 결여되어 있다. 즉, 비어 있다.

연꽃 자세

완전한 연꽃 자세라고도 하는 이 자세는 양다리를 서로 엇갈리게 하여 양쪽 발을 다른 쪽 다리의 허벅지 위에 얹고 바닥에 앉는 자세이다.

열반

'슬픔을 넘어선 상태'라는 뜻의 산스크리트어이다. 괴로운 정신 상태를 넘어서서 조건 지어지지 않은 마음으로 경험하는 세계이다.

오온(五蘊)

(물리적이거나 물질적인) 형태, 느낌, 인식, 정신 현상, (다섯 가지 감각과 관련된 정신적 의식인) 인식. 다르게 편성하여 설명하는 경우도 있다.

외적, 내적, 비밀스러운 차원

외적인 차원은 보통 물리적인 현상에 해당하며, 내적인 차원은 윤회 상태의 마음인 보통의 마음에 해당하며, 비밀스러운 차원은 마음의 본성인 본래 의식에 해당한다. 몸과 말과 마음과 관련해서는, 외적인 차원은 소리 내서 표현하는 것, 내적인 차원은 정신적인 잡담, 비밀스러운 차원은 메아리처럼 반복하는 정신적인 수다를 일으키는 생각의 습관적 형태에 해당한다.

요기(yogi), 요기니(yogini)

'현실의 근본적인 본성과 하나 됨을 추구하는 자'라는 뜻이다.

요소

불교에서는 자연의 물질 요소를 일반적으로 땅(견고함), 공기(운동성), 물(유동성), 불(따뜻함과 차가움), 의식의 범주로 나눈다.

윤회

자신들의 오염된 정신 습관과 인식으로 인해 중생들이 경험하게 되는 세계. 순환하는 삶이라고도 한다.

이원론적 인식

주체와 객체, 자신과 타인, 좋음과 나쁨 등 인위적인 차이로 이름 붙이면서 인식함.

일어남 즉시 해탈

생각이 일어나는 즉시 해탈한다는 족첸 수행 용어이다.

자비(연민)

모든 고통을 끝내고자 하는 바람으로 자기 자신과 모든 존재를 가슴에 품고 있는 열려 있고 관대한 태도.

자성

고유한 정체성, '그 자체로 존재함', 독립성이라고 하기도 한다.

자아

감정과 감각과 생각의 습관적 경향을 바탕으로 삼아 일어나는, 개인적인 자신이 있다는 감각. (처음에 이 말은 정신 분석 이론에서 정신의 세 가지 차원 가운데 하나를 가리키는 말로 쓰였다. 당시에는 개인과 실제 사이에 중재자 역할을 하는 조직화된 의식이라는 뜻으로 쓰였다.)

자아 집착

개인인 '나' 또는 자아에 대한 믿음 혹은 그 감각을 붙듦.

자애(사랑과 친절)

모든 존재가 행복하기를 바람. (자비와 비슷하다.)

절대적 보리심

지혜로부터 나오는 자비와 자애. 본래 청정, 마음의 본성, 릭빠 등과 비슷한 말.

정토

청정계, 불국토와 비슷한 말. 부처님의 이타적인 염원으로부터 일어난 곳으로, 모든 고통에서 해방된 낙원.

족첸(산스크리트어: 아티-요가, ati-yoga/ 마하 상디, mahāsandhi)

티베트어로 '위대한 완성', '위대한 완전함'이라는 뜻이다. 실제를 보는 궁극적인 관점을 경험하는 '개념 짓지 않는 명상'의 한 형태이다. 티베트 불교에서는 족첸을 금강승의 일부로 여긴다.

중도

일반적으로는, 감각적 쾌락의 추구와 금욕주의, 희망과 두려움, 자신과 타자 등의 양극단을 피한다는 뜻으로 쓰인다. 나가르주나(Nāgārjuna, 2~3세기)가 세운 인도 불교의 중관학파를 뜻하기도 한다.

지혜

존재의 참된 본성에 대한 직접적이고 비개념적인 통찰력 또는 인식을 의미한다. 이는 개념적 과정을 통해 얻은 지식과 반대된다.

직지하는 가르침

제자가 현존과 인식의 본성을 깨닫도록 족첸 스승이 직접 전하는 가르침.

집착

어떤 대상에 대하여 개입하거나 조종하거나 바꾸거나 조작하거나 만들어 내면서 개념적으로 이해하는 것. 붙듦과 비슷하다.

차크라(cakra)

몸의 특정 위치에 있는 에너지 중심. 한 설명에 따르면, 차크라는 머리와 목, 가슴, 배꼽, 회음, 척추의 맨 아랫부분의 중앙에 있다고 한다.

테라와다(Theravada, 소승)

불교 전통 중 가장 오래된 전통으로, 오늘날 동남아시아에 널리 퍼져 있다. 개인이 윤회에서 해방되는 것을 강조한다.

통찰 명상(팔리어: 위파사나, vipassana, 산스크리트어: 위파샤나, vipaśyanā, 티베트어: 락통, ལྷག་མཐོང་།)

표면 아래 있는, 우리의 내적인 본성과 모든 현상의 본성 보기. 대상을 있는 그대로 보기. 모든 현상의 비어 있음을 통찰하기.

평등심

열리고, 드넓고, 모든 것을 다 받아들여 치우치지 않고 선과 악, 자신과 타자 등의 편향을 초월한 태도이다.

감사의 말씀

이 책의 출판을 위해 격려와 노고를 아끼지 않은 샴발라 출판사의 편집자분들께 감사 인사를 드립니다. 선임 편집자인 데이비드 오닐과 부편집자 벤 글리슨에게 특히 감사드립니다. 교열 담당자인 매튜 주이호 페레즈와 교정 담당자인 낸시 크롬튼에게도 감사드립니다. 흔쾌히 서문을 집필해 주신 위대한 수행자이자 작가, 불법 스승인 뚤꾸 돈둡께 특별히 감사의 인사를 드립니다.

저술의 초반 작업에는 지니 레피초, 레슬리 틴커, 카렌 칼본, 샨티 로스타우노, 스피릿 와이즈먼, 롭 해리슨, 존 헤리오스 아케프, 앨리스 트러틀라인(체링마), 수잔 스콜론, 린 헤이즈를 포함한 빼마 낄라야(Pema Kilaya) 상가 식구들이 함께해 주었습니다. 다이앤 릭진 버거와 바바라 버거는 좋은 의견을 내고 탁월한 제안을 하였습니다. 명상 자세를 그린 아름다운 삽화는 쟈니스 바락와낫이 그렸습니다. 이 책의 원고는 (전문가인 브루스 돕슨이 제 법회를 녹음한) 파일을 (이 책 출판의 모든 실수에 대한 책임자인) 브라이언 호델이 영감과 열정으로 기록하고 편집하였습니다.

또한 워싱턴주 위드비 섬에 위치한 빼마 낄라야 센터(예세 롱 하우스)에서 월요일 저녁에 진행된 일곱 가지 명상 시리즈에 5년이 넘도록 함께해 준 여러분께 감사드립니다. 그리고 프로그램을 지원해 준 캐리 피터슨, 지니 레피초, 뮬리 뮬라리, 브루스 돕슨, 체링 왕모, 하이디 오만 등 모든 빼마 낄라야 스태프분들께 감사드립니다.

쉬는 마음
The Relaxed Mind

초판 1쇄 발행 2019년 2월 13일
개정판 1쇄 발행 2025년 1월 20일

지은이 쟈 낄룽 린포체
옮긴이 예세 롱 코리아

펴낸이 오세룡
편집 정연주 여수령 손미숙 박성화 윤예지
기획 곽은영 최윤정
디자인 김효선 고혜정 최지혜
홍보·마케팅 정성진

펴낸곳 담앤북스
주소 서울특별시 종로구 새문안로3길 23 경희궁의 아침 4단지 805호
대표전화 02-765-1250(편집부) 02-765-1251(영업부)
전송 02-764-1251
전자우편 dhamenbooks@naver.com

출판등록 제300-2011-115호
ISBN 979-11-6201-512-4 (03220)

값 17,000원